JN106139

科 学 哲 学

56-2

日本科学哲学会

2023

PHILOSOPHY OF SCIENCE

Journal of the Philosophy of Science Society, Japan

Vol.56   No.2

2023

特集テーマ
「コミュニケーションメディアと哲学」について

　2022年12月の第55回日本科学哲学会大会において，シンポジウム「コミュニケーションメディアの哲学」が開催されました．同シンポジウムは，呉羽真氏（山口大学）をオーガナイザーとし，提題者は呉羽氏と，松永伸司氏（京都大学），稲見昌彦氏（東京大学）でした．そして村上祐子氏（立教大学）がコメンテーター，藤川直也氏（東京大学）が司会を務めました．編集委員会ではそれをもとに特集「コミュニケーションメディアと哲学」を企画しました．本号には特集テーマ記事として呉羽真氏から論文を寄せていただくことができました．

編集委員長　柏端達也

科学哲学 56-2（2023）

依頼論文

対面神話を乗り越える
—コミュニケーションメディアの技術哲学Ⅲ—

呉羽　真

Abstract

In this paper, I consider the impact of communication media on human relationships while introducing the results of a series of studies on the philosophy of technology concerning communication media that I have conducted (呉羽 2020, 2021, 2022). First, I present a critique of what I call the 'face-to-face myth' —the discourse that online communication is inferior to face-to-face communication. Then, I discuss several hypotheses about why people believe in the face-to-face myth. Moreover, based on a 'melioristic philosophy of technology' inspired by Dewey's thoughts, I describe a strategy for refreshing the view of communication and redesigning our forms of communication.

1. 序論——「対面神話」とコロナ禍

　本稿では，筆者が「対面神話」と呼ぶ言説を批判することを通して，コミュニケーションメディアが人間関係に及ぼす影響について考察する．

　「対面神話」という用語で筆者は，オンラインコミュニケーションに対する対面コミュニケーションの優位性を説く言説を指す．その典型例としては，「オンラインコミュニケーションは身体性に欠けており，対面コミュニケーションに質の面で劣る」といった言説が挙げられる (cf. 呉羽 2021)．注意すべきは，対面神話が，単にオンラインより対面の方が好都合な場合がある，あるいは，そう思う人がいる，と主張するものではない，という点だ．それは，オンラインコミュニケーションと対面コミュニケーションの間に，コミュニケーション形態自体の特性に由来し，誰にでも（あるいは，後述のようにこうした言い方は避けるべきだが，「標準的」な人一般に）当てはま

るような，原理的な質の差がある，とするものである．この言説を批判するに当たり，筆者は，オンラインコミュニケーションが対面コミュニケーションに比べて優れている，と主張するわけではない．むしろ，筆者の意図は，このような比較が意味を成さない，と論じることにある．

　当該の言説は，コロナ禍で感染拡大防止措置としてソーシャルディスタンシング戦略が採られ，対面コミュニケーションの機会が減少する中で，オンライン化による人間関係の貧困化や社会的能力の低下等の悪影響への懸念を伴いつつ，急速に世間に流布した（e.g. 川島 2022）．とはいえ，同種の発想は，既存のメディアを巡る議論やSF作品にも見られる．それを表明した哲学者の例として，ポパー（Popper 1966）は，人々が対面することのない社会を「完全に抽象的あるいは脱人格化された社会」（ibid., p. 174）と呼び，そこでは人々の社会的欲求は充たされない，と論じた．同じくドレイファス（Dreyfus 2001）は，身体性を欠いたテレプレゼンス技術は私たちが他者や事物に抱く現実感を喪失させるものであり，その普及は人々の間の信頼を蝕む，と論じた[1]．心理学者のタークル（Turkle 2015）も，ICTの普及が対面コミュニケーションの減少をもたらしており，その結果私たちの共感能力が低下していると論じ，「会話を取り戻す」ことを提案する．また，フォースターの「機械が止まる」（Forster 1909）やアシモフの『はだかの太陽』（Asimov 1957），映画『サロゲート』（2009）といった，テレプレゼンス技術を取り上げたSF作品の多くが，テレプレゼンス技術が普及し，対面コミュニケーションが行われなくなった社会が崩壊していく有様を描いている（cf. 呉羽 2020）．こうした言説が「神話」と呼びうるのは，それが確固たる根拠もなく人口に膾炙しているためだ．

　本稿では，筆者が行ってきたコミュニケーションメディアの技術哲学に関する一連の研究（呉羽 2020, 2021, 2022）の成果を紹介しつつ，対面神話への批判を展開する（2 節）．次いで，なぜ人が誤った対面神話を信じるのかに関して，いくつかの仮説を述べる（3 節）．その上で，デューイの思想に着想を得た「改善論的技術哲学」に基づき，コミュニケーションの見方を刷新し，そのあり方を再設計する方策を述べる（4 節）．さらに，筆者の立場に対してありうる反論を紹介し，応答を試みる（5 節）．最後に，コロナ禍終息後の社会に向けて，本稿の考察がもつ含意を説明する（6 節）．

2. 対面神話のどこが間違っているのか

　本節では，対面神話の誤りとして，それが社会的要因を考慮していないこと，および身体性の多様性を考慮していないこと，の2点を指摘する．

2.1 社会的要因を考慮していない（技術決定論）

　コミュニケーションが人間関係の構築・維持において重要な役割を演じている以上，対面コミュニケーションとオンラインコミュニケーションの間に対面神話で述べられるような質の違いがあるならば，前者から後者への移行は人間関係に悪影響を及ぼすと考えられる．対面神話を奉じる人々は，その主張の裏付けとして，こうした悪影響が現に生じている，としばしば論じる．だが，この主張を支持する経験的証拠は不十分であり，またそれは誤った技術哲学理論に依拠していると見なせる．

　オンラインコミュニケーションの影響については，コロナ禍以前から，インターネットやソーシャルメディア（あるいはスマートフォン）を巡って経験的研究が行われてきた．呉羽 (2020) で紹介したのは，ネットが人間関係と社会生活の貧困化をもたらす，という「インターネットの逆説」を巡る議論である．クラウトら (Kraut et al. 1998) は，1995〜97 年に実施した調査で，インターネットの利用に伴い，家族とのコミュニケーションの減少，社会的ネットワークの縮小，孤独感や抑鬱傾向の増加，が見られたとして，上記の「逆説」を主張した．だが，クラウトら自身が 1997〜98 年に実施した第 2 回調査で，その主張は覆された．まずその際に行われた第 1 回調査対象者たちの追跡調査では，上記の悪影響のいずれもネット利用と有意な相関は見られず，また新規パネル調査では，ネット利用者ほど社会的ネットワークが拡大していた (Kraut et al. 2002)．クラウトらは，こうした変化の一因として，ネット利用者数の増大に伴い，その利用法が変化した（家族間や友人間で利用されるようになった）ことを挙げている．

　ソーシャルメディアの影響についても活発な研究が行われており，特にネガティブな結果がしばしばセンセーショナルな仕方で報道されてきた．例えば，ソーシャルメディアが共感能力を低下させるというもの (e.g. Konrath, O'Brien, & Hsing 2011) や，それが精神衛生上の問題を増加させるというもの (e.g. Twenge 2017) がある．またスマホが脳の報酬系を刺激するとして，それを麻薬やドラッグになぞらえる言説 (e.g. ハンセン 2020) も普及している．だが，呉羽 (2020) で論じたように，実際には，ネガティブな影響を否定する，あるいはポジティブな影響を報告する結果も多数ある．加えて，ネガティブな結果を報告した研究に対して，調査方法の問題も指摘されている (cf. Flora 2018; Denworth 2019)．その問題としては，情報を発信するための能動的利用ともっぱらそれを受信するだけのための受動的利用，といった技術の利用法の違いを考慮していないこと，が挙げられる．スマホは極めて多

機能であるため，その利用法と無関係にスマホ自体の影響を問うことは意味を成さない．また，継時的変化を捉えない横断的研究に留まるために，スマホ利用とその悪影響とされるものの間の因果関係を特定できていないこと，も問題と指摘されている．例えば，スマホ利用と鬱傾向の間の相関関係を報告する調査結果に基づき，スマホ利用が鬱傾向を促進する，と主張した論者は多いが，近年では鬱傾向にある人々がスマホを利用する傾向があり，影響は双方向的だという見方が強まっている．日本行動嗜癖・依存症学会は，運動不足をもたらす傾向を除いて，「ゲーム，インターネット，スマホの利用によって情緒，知能，行動面へ悪影響があるという科学的な報告はありません」[2]と明言している．以上で示したように，オンラインメディアの悪影響を示す，確固たる科学的証拠はない．

　そもそも，技術の影響は，その利用法や，それを規定する社会的要因に依存する．しかし，オンラインメディアの悪影響論は，これらの要因を無視して，メディア自体を画一的に悪影響をもたらすものと見なす[3]．これは，技術哲学で技術決定論——技術が社会のあり方を決定する，という理論——として知られる誤りである[4]．若者のソーシャルメディア利用を調査した社会学者のボイド（Boyd 2014）は，ソーシャルメディアのような技術に関して，それが中毒症をもたらすといった悲観論（「ディストピア的視点」）も，反対にそれが平等をもたらすといった楽観論（「ユートピア的な視点」）も，ともに技術決定論に与していると指摘し，両者を無用のものとして斥ける．同じく哲学者のブリグル（Briggle 2008）も，インターネットが真の友情の構築と維持を阻害する，という議論を，ネット利用に関する文化的および個人的要因を無視した技術決定論に依拠するものとして批判する．同じことは，テレビ会議の悪影響論にも当てはまる．例えば，神経科学者の川島（2022）は，テレビ会議では脳の同期が起こらなかった，という実験結果に基づき，テレビ会議では情報伝達はできても共感や協調は生じず，ぼーっとしているのと同じ「オンライン脳」になる，と主張している．だが，こうした研究の1つの問題は，テレビ会議の効果は実験参加者のそれに対する習熟度に応じて異なると考えられるが，そうしたユーザー側の要因が考慮されていないことである．

　確かにコロナ禍では，人々の精神衛生が悪化したことが確認されている[5]．コロナ禍で生じたこうした悪影響は，感染（および感染者非難）への恐怖や将来への不安といった複合的な要因によりもたらされたものだが，その一部は，ソーシャルディスタンシング戦略によって対面コミュニケーションが減少した結果だと考えられる（e.g. Kale 2020）．しかしそれを，オンラインメ

ディアそのものに起因するもの，と捉えるのは一面的である．前出のボイド
は，現在の若者たちは（インターネットのアーリーアダプターと違って）対
面で関係のある人々とつながるためにオンラインメディアを使用している，
と指摘する．対面コミュニケーションが不可能な状況でその代替手段として
オンラインコミュニケーションが行われたコロナ禍では，事情が異なる．す
なわち，コロナ禍で生じた悪影響は特殊な状況下で行われた導入・利用の仕
方に由来するものであり，技術それ自体が，こうした社会的要因とは独立
に，一律の仕方で人間関係に影響するとは考えられない．

2.2 身体性の多様性を考慮していない

対面神話を奉じる論者（e.g. Dreyfus 2001）はしばしば，オンラインコミュ
ニケーションの欠点として，身体性に欠ける（脱身体性 *disembodiment*）と
いう点を挙げる．そこで言われる「身体性」とは，表情，身振り，視線，声
音，等の非言語的情報のやり取りや，触れ合いの可能性，身体的同期，など
である[6]．

だが，この種の見解から抜け落ちているのは，誰もが同じ仕方で他者と身
体的相互作用を行うわけではない，という点である．実際に，オンライン化
でむしろ助かった人もいる[7]．呉羽（2021）で例に挙げたのは，相手の口の動
きから情報を得ている聴覚障害者や，他人と目を合わせるのが苦手な人であ
る．前者にとっては，相手の顔を正面から見られるテレビ会議は都合がよい
（赤田 2021）．また後者にとっては，テレビ会議に対する不満としてしばし
ば挙げられる，カメラが画面とは違う位置にあるためにユーザー同士の視線
が合わない，という点は問題にならず，むしろ好都合ですらありうる．対面
コミュニケーションでやり取りされる膨大な非言語的情報がオンラインでは
伝わらない，という指摘が頻繁になされるが，このように利用可能な情報の
量や種類はコミュニケーション主体によって異なるため，やり取りされる情
報量の観点からコミュニケーション形態の質の高低を一律に測ることはでき
ない（呉羽 2022）．

呉羽（2022）は，これらの事例を考慮して，「身体性は多様である，すなわ
ち認知主体に応じて（優劣を比較できない仕方で）異なる」（ibid., p. 160）と
いう「ソマトダイバーシティ」のテーゼを唱えている[8]．この観点から見れ
ば，オンラインに身体性が欠けるという見解は，ある種の身体性を特権化す
る偏った見方だと言える．本稿冒頭で述べたように，テレプレゼンス技術を
描いたディストピア SF 作品（e.g. Forster 1909; Asimov 1957; 映画『サロゲー
ト』2009）は多いが，注目すべきは，大抵それらには障害者（世間で「コ

ミュ障」と呼ばれる人も含めて）が登場しないことだ[9]．その点で，これらの作品にも見られる対面神話は，少数派の利害を度外視した観点を採っている，という疑いがある．

　ここで，誰にとっても対面コミュニケーションが優れているとは言えないまでも，標準的な身体性を有する人々にとっては，対面コミュニケーションが適しているとは考えられないか，という反論が想定される[10]．しかし，「標準的」という言葉は規範的な意味合いをもつことを考えると，この言い方は避けるべきである．対面コミュニケーションを苦手とする人は，実際には（身体性等の要因のために）多数派のコミュニケーション慣習になじむことが困難な人々であると言えるが，世間ではコミュニケーション能力に欠けているという一面的な仕方で捉えられ，社会から排除されることが多い．こうした人々を「非標準的」と呼ぶことは，彼らを周縁化し，排除することに加担することになりかねないのだ．「標準的」に代えて，規範的意味合いの薄い「多数派」という表現を採用するならば問題は生じないが，その場合，対面コミュニケーションの優位性という規範的主張をそこから導き出すことはできなくなる．

3. 人はなぜ対面神話を信じるのか

　前節で対面神話の誤りを示した．そこでの考察から，対面神話で述べられるような対面コミュニケーションとオンラインコミュニケーションの質の比較は意味を成さない，と言える．しかし，このように誤った言説が人口に膾炙しているということ自体が説明を要するように思われる．本節では，その理由に関する幾つかの仮説を述べる．

　2.1項で，コミュニケーションメディアに関する悲観論は，誤った技術決定論に依拠している，と論じた．そこで，対面神話が世間に流布したという事実は，技術決定論が広く受け入れられていることを示唆している．これが1つ目の仮説である．実際に技術決定論は，私たちの技術についての語り方にしばしば反映されている．コミュニケーションメディアに関する言説以外にも，「印刷技術が宗教革命を引き起こした」，「人工知能が仕事を奪う」，などがそうした言説の例として挙げられる．こうした語り方は社会変化の複雑・多様な要因を見落とさせてしまうものだが，それが受け入れられてしまうのは，これらの要因の中でも技術の影響が目につきやすいからだと思われる．

　2つ目の仮説は，2.2項で述べたように，マイナーな身体性をもつ者が社会で周縁化された結果，対面コミュニケーションがあたかも誰にとっても最適なコミュニケーション形態であるかのような錯覚が生み出された，というも

のである．ここには，障害学で言うところの健常者中心主義（*ableism*）と同型の問題がある．

　また，対面神話を奉じる人は，メディアを用いたコミュニケーションがうまくいかない場合，利用法や習熟度といったユーザー側の要因を無視して，問題はメディアそれ自体にあると見なす．こうした傾向は認知バイアスの一種と捉えられるかもしれない．これと関連の深い既知の認知バイアスに，行動やその成否の原因の推定に関わる帰属バイアスの一種で，自分が成功した場合にはその原因が自分自身の特性（能力等）にあると考える一方で，失敗した場合にはその原因が自分には制御できない状況にあると思い込む，自己奉仕バイアスがある．技術的条件もまた——必ずしも制御不可能でないとはいえ——ここで言われる「状況」に含まれうるため，上記の傾向は自己奉仕バイアスの一種とも捉えられうる．当該のバイアスが人々の対面神話への支持につながっている，というのが3つ目の仮説である．実際に，ヒューマン・コンピューター・インタラクション（HCI）分野の研究で，技術に関する自己奉仕バイアスが確認されている．ムーン（Moon 2003）によると，人がコンピューターを用いて購買行動を行う際，悪い結果についてはコンピューターを非難し，良い結果については自分の功績を主張する傾向がある[11]．このようなバイアスが実在するとして，それがどれほど広範に見られるかは不明である．しかし，上記の仮説は，これまでに得られている認知科学の知見と整合的な仕方で人々が対面神話を信じる理由を説明する，という点で有望なものと言える．

　以上で，対面神話が受け入れられた理由についての3つの仮説を提示した．これらは相互に排他的でなく，複合的に作用して対面神話の受容をもたらしていると考えられる．

4. コミュニケーションの再設計の方策——改善論的技術哲学の立場から

　本節では，これまでの考察を踏まえつつ，オンラインコミュニケーションの欠陥とされるものを生み出している条件を整理し，その解決法を提案する．

　2節で，オンラインコミュニケーションが一概に対面コミュニケーションに劣るとは言えない，ということを示した．とはいえ，多くの人にとって，既存のテレビ会議に不便な点や物足りない点がある，ということもまた事実である．具体的には，前述の脱身体性に由来する各種の不満に加えて，偶然の出会いが乏しいことや，体験の共有（例えば同じものを食べること）が困難であること，通信に関するトラブルの多さ[12]，特有の身体疲労，等に不満を覚える人は多いだろう．しかし，ここまでの論旨を踏まえるならば，これ

らの不都合がどの程度の人々に当てはまるか，一部の人々の感じ方を特別視していないか，は慎重に検討すべきである．加えて，上記の各問題が，(1) オンラインコミュニケーションそのものの限界を示すものなのか，(2) 現状のテレビ会議システムの技術的限界に由来するのか，それとも (3) 単なるその使い方の問題なのか，という点も吟味しなければならない．この吟味を経ることなく問題をコミュニケーション形態そのものに帰せてしまえば，(2) や (3) の可能性を見落とし，オンラインコミュニケーションの改善の可能性を奪う結果につながる．

　前述 (2.1項) のように，コミュニケーションメディアに関する悲観論は，技術決定論に与するものである．こうした決定論に代えて私たちが採るべき道の示唆は，デューイから得られる．彼は，世界全体を悪と見なす（形而上学的）悲観論と，それを最善と見なす（形而上学的）楽観論の両者を共に，世界をより善くする試みを挫くものとして斥け，それらに代えて以下の「改善論 (meliorism)」を説く．

> （……）改善論とは，ある時点で存在する特定の諸条件——相対的に悪いものであれ善いものであれ——がいずれにせよ改善されうるという信念である．それは知性を励まして，善の積極的な手段やその実現にとっての障害を研究させ，諸条件の改善のための努力を進めさせるものである．(Dewey 1988, pp. 181-182)

この見方を技術に応用した改善論的技術哲学こそ，私たちが採るべき道である．それは，何らかの条件の下で技術が問題を引き起こすことはあると認めつつ，そうした問題を生み出している条件を特定し，改めることで，技術を社会にとって有用なものにすることを試みるものだ[13]．

　さらに，オンラインコミュニケーションの問題への対処法を探るための前提として，コミュニケーションとは一般に人工物である，という点を確認しておこう．確かに人は自然に他者とコミュニケーションをとるようになるが，そのコミュニケーションのあり方はメディアとその使い方に関する慣習や制度によって部分的に形作られている．これは対面コミュニケーションにも当てはまる——そこでもまた，話し言葉や身振りといった人工のメディアを，人工的な慣習や制度に従って運用することが求められるのだ．こうした人工的性格は，すでに出来上がったコミュニケーションのあり方になじんだ者には見えづらい．しかし，ひとたびその人工的性格に目を向ければ，コミュニケーションの改善の可能性も見えてくる．人工物であるがゆえに，そ

れは設計／再設計可能なのだ.

改善論の方針に沿ってオンラインコミュニケーションを再設計するには, 大きく分けて2種類の方法が考えられる. 1つは, 技術的解決法である. 例えば, 既存のオンラインメディアでは伝達される非言語的情報が限られ, 一部の人の身体性に適していない, という問題に対しては, 操作者の生身の身体運動をより正確に再現するテレプレゼンス技術(遠隔操作型ロボット等)や, 触覚まで再現するVR技術により, 現在のテレビ会議に欠けた身体性を補う, といった解決法が考えられる (cf. 草塩 2020; 東京大学情報理工学系研究科 2020; 南澤 2021). 稲見 (2022) は, こうした技術の開発を, 脱身体化した情報化社会に身体性を取り戻した「ポスト身体社会」の実現を目指す試み, と位置付けている.

とはいえ, もっぱら技術を用いて社会問題の解決を図る技術的問題解決 (*technological fix*) には, 問題を生み出す社会構造を放置する一時的・表面的な解決に留まる, 意図せずして新たな問題を生み出すこともある, といった難点が指摘されてきた (Weinberg 1966; cf. 直江 2017). そこで筆者は, 技術的解決法に加えて, 従来のコミュニケーションを形作ってきた偏狭な慣習や制度自体を見直す, という社会的解決法を提案したい. 前述のように, コミュニケーションは多様な慣習や制度によって形作られているのであり, オンラインコミュニケーションがうまくいかないのはこれらの社会的要因のせいかもしれない. 例えば, 上述 (2.2項) の, 視線が合わない, というテレビ会議への不満は, 人々が「人の目を見て話しなさい」という慣習的規範になじんできたために生じた問題だと言える[14]. そしてこの規範は, 自閉スペクトラム症 (ASD) の人を典型として, 人と目を合わせることを苦手とする人にとって不利に働いてきた. そこで, こうした慣習的規範を見直すこと(それをコミュニケーションのあらゆる場面に適用することを控える, など)で, テレビ会議への不満が軽減されるだけでなく, より多様な人に開かれたコミュニケーションが可能になると考えられる.

5. 反論と応答

ここまで本稿は, 対面神話を批判し, オンラインコミュニケーションに関する改善論を擁護してきた. すなわち, オンラインコミュニケーションを巡って問題が生じていることは事実であるが, それらの問題は技術的ないし社会的な解決策を講じることで克服可能だ, というのが筆者の見解である. 本節では, この見解に対する反論を検討する.

5.1 対面の会話の内在的価値

　筆者の対面神話批判は，主として対面およびオンラインのコミュニケーションが個人および社会に及ぼす影響についての考察に基づくものであり，その意味でコミュニケーションの道具的価値に着目するものである．しかし，それに対する反論として，対面での他者との関わりにはオンラインでのそれにない内在的価値がある，と論じるものが想定される．ここで反対者は，オンラインコミュニケーションをノージック（Nozick 1974）の「経験機械」——何でも望みのままの経験を与える機械，という思考実験——での経験になぞらえて，その内在的価値の欠落を説くかもしれない[15]．経験機械に提供される経験と同様に，オンラインメディアに媒介されたコミュニケーションは，現実との接触をもたらさない，というのだ．世間でも，メタバースを用いて不登校児の「登校」を促す取り組みに対して，他者との真の関わりを避けることにつながる，として批判する人がいるが，この見方は上記と同種の発想に基づいていると見なせよう．

　しかし，第一に，「経験機械」の思考実験は，他者を含む世界との関わりに内在的価値を認めることを正当化しない．ノージックが当該の思考実験を提示したのは，幸福に関する快楽説を批判し，幸福な生には世界との関わりが不可欠だ，という主張を正当化するためである．だが例えば，快楽説の代替理論の1つである欲求充足説の立場からすれば，仮に多くの人が経験機械に繋がれる人生を望まないとして，そのことは彼らが（単なる快楽ではなく）世界との関わりを欲する，という事実によって説明される．この場合，内在的価値を認められるのは，欲求が充足されることである．同様に，多くの人が対面コミュニケーションを望むとして，その理由は，対面コミュニケーションに内在的価値を認めずとも，彼らの欲求の観点から説明可能である．これに対して，対面での他者との関わりそのものに内在的価値を認める解釈は，多かれ少なかれそれを望まない人もいる，という事実を説明することが困難である．

　第二に，経験機械での経験はオンラインコミュニケーションの比喩として適切でない．まず，経験機械で利用者が関わる（と錯覚する）「他者」と違って，テレビ会議でのコミュニケーション相手は実在するのであり，また彼らとのコミュニケーションには不快な経験も含まれうる．確かに，哲学では，世界との直接的接触に経験の価値を見出す立場がある．その代表格であるドレイファス（Dreyfus 2001）は，テレプレゼンス技術を介した経験を，心の中の観念に対してしか直接的にアクセスできないデカルトの間接実在論的な

心になぞらえて批判し，対面コミュニケーションを含む生身の身体での活動の優位性を説く．しかしこの見方は，オンラインメディアを世界との相互作用を阻むもの（「ヴェール」）と見なすメディア観に依拠するものであり，呉羽 (2022) はこの見方を批判している．その要点は，人間のコミュニケーションは常に何らかの仕方で媒介されている，というものだ．対面コミュニケーションに用いられる話し言葉もまたメディアであり，この点を踏まえて，メディアを「直接的相互作用を妨げるヴェール（……）ではなく，むしろ情報の流れを方向づけ，相互作用を促進するもの」(ibid., p. 160) と理解すべきだ，というのが筆者の主張である．思考実験を用いて対面コミュニケーションの価値を考察するのは興味深い視点だが，その題材は経験機械以外に求めるべきである．

　加えて，第三に，上記の反論は，「現実」とされるものが，実際には往々にして，社会的要因によって多数派に都合よく作られた「現実」である，という事実を覆い隠す恐れがある．ソマトダイバーシティの考え方を踏まえれば，身体性の差異を無視して，一部の人（仮にそれが多数派であっても）が価値を置くコミュニケーション形態を普遍的な価値を有するものと見なすのは避けるべきである．

5.2 技術の政治性・道徳性

　筆者の説く改善論的アプローチは，オンラインコミュニケーションの問題を，主としてコミュニケーションメディアそのものではなくその利用法を規定する社会的要因から生じるものと見なす．だが技術哲学では，技術は何らかの目的を達成するための単なる中立的手段であり，その善し悪しは使い方次第，という技術の中立性は否定され，技術が「政治性」(Winner 1986) ないし「道徳性」(Verbeek 2011) をもつ，という見解が受け入れられつつある．すなわち，技術的人工物がある種の行為（例えば一定の人々を排除すること）を誘発するような仕方で設計される場合があり，その意味で技術自体に政治的バイアスや道徳的価値観が埋め込まれうる，というのだ．そこで，筆者のアプローチに対しては，技術の政治性を無視ないし軽視するものではないか，という懸念が投げかけられうる[16]．

　筆者の立場は，コミュニケーションメディアそのもの（あるいはその設計）のありようを問うことを否定するものではない．呉羽 (2020) では，ネットが親密な友人関係の形成を阻むようなスピード重視の文化を強化する (Briggle 2008)，あるいは，遠隔対話サービスが単身赴任の必要性を疑う機会を奪う (江間 2019)，といった例を挙げて，こうした憂慮すべき社会的含

意を引き起こすメディアの傾向に注意すべきだと論じた．テレビ会議に関しても，コミュニケーションに効率性ばかりを求める傾向を強化する，といった懸念がありうる．また，こうした懸念に対処する上で，メディアの設計自体を変更することが有効な場面もあるだろう．

とはいえ，技術哲学では，技術には「創造性」，すなわち「それが用いられるときに，設計者の思ってもみなかったような用いられ方をすることによって，まったく新しい意味を獲得する」（村田 2009, p. 142）可能性が備わっていることも指摘されてきた．この点はコミュニケーションメディアにも当てはまる．そして筆者の見るところでは，社会に対面神話が流布しているために，コミュニケーションメディアの利用法を問う試みは不足している．それこそが，筆者がこうしたメディアの利用法の問題を強調する理由である．また，それに着目することで，コミュニケーションを巡って生じている諸問題が解決される可能性がある．改善論的技術哲学は，技術の開発から利用までの過程に介在する技術的条件と社会的条件の双方に目を配り，問題を引き起こす具体的な要因を特定することで，個別の問題に対処することを通して状況の改善を図るものである．

さらに，前述（3節）のように対面コミュニケーションもまた慣習等の要因によって形作られた人工物であるとすれば，そこにも政治性は介在しうる．例えば，学会の大会を常に対面で開催するという決定は，対面での議論を支配するコミュニケーション慣習になじめない人から参加の機会を奪うことにもなりうる．この点を考慮すれば，オンラインか対面かを問わず，コミュニケーションのあり方を規定する社会的要因に敏感になることが必要だ，と言えるだろう．

6. 結論——ポストコロナのコミュニケーションに向けて

本稿の考察は，コロナ禍が終息に近づき，社会が対面に回帰しつつある今，オンラインコミュニケーションの意義について再考を促すものである．

2.2項で論じたように，対面コミュニケーションは必ずしも万人に適したものでないが，それにもかかわらずそれは社会においてデフォルトとされてきた．コロナ禍はこうした偏見を見直し，それによって周縁化されてきた人々にとって適したコミュニケーションのあり方を探る好機ともなった．例えば加納（2023）は，テレビ会議システムや文字起こしシステムといったコロナ禍で普及したオンライン技術を用いて，ろう児や難聴児向けの科学実験教室を実施した．こうした試みは，ソマトダイバーシティに配慮してコミュニケーションの場へのアクセスを開いていく取り組みの例として，コロナ禍

の終息後にも模範となりうるものである.

　また,言うまでもなく,オンライン化には,ここまでで強調したソマトダイバーシティへの配慮に加えて,地理的・経済的要因や家庭環境のために対面コミュニケーションの場に参加することが困難な人々にその参加の機会を提供する,という絶大な利点がある.日本科学哲学会は,ハラスメント防止宣言[17]において,「コロナ禍によって大会がオンライン開催となった際,対面では参加できなかったがオンラインになったおかげで参加できた」,という会員の声を紹介した上で,「当学会では,大会へのアクセスの障壁を少しでも取り除く努力を今後すすめていきます」と述べている.筆者(呉羽・伊勢田 2022)もまた,コロナ禍で進められたオンライン化により,科学技術コミュニケーションのイベントに地方在住者が参加しやすくなったことを指摘し,「科学技術コミュニケーションが真に誰でも参加できるものとなることを目指すならば,オンライン開催がその基本形態になっていくのは(コロナ禍が続くかにかかわらず)むしろ正しい方向と言えるかもしれません」(ibid., p. 245)と述べている.

　確かに,オンライン化に対しては,ここまでで検討しなかったデジタルディバイドの問題,すなわちオンライン化が情報通信技術(ICT)を利用できる人とそうでない人との間の情報格差を拡大させる,という懸念もある.また,小学校教育や理工系大学院の演習型の教育の場面でのオンラインの有効性について,否定的な意見もある.これらの懸念や見解を踏まえて,いま社会では,現状のオンラインメディアの技術的課題を克服し,オンラインコミュニケーションの質やアクセシビリティの向上を図ることや,対面とオンラインを適切に組み合わせ,両者それぞれの強みを活かすこと,が試みられている.本稿の考察は,それらに加えて,もう1つの対処法を示唆する.それは,対面およびオンラインのコミュニケーションを,あらかじめ出来上がったものではなく不断に形作られているものと見なし,それを形作っている慣習や制度を見直すことでそれぞれをより良く再設計することである.例えば,オンラインコミュニケーションを苦手とする人がいるのは,年齢や身体性等の要因に加えて,社会で受け入れられてきた偏狭なコミュニケーション観のためかもしれない.すなわち,コミュニケーションに関する特定の慣習的規範が,人々のオンラインコミュニケーションへの適応を阻害している可能性がある.この規範がどういうもので,具体的にそれをどうやって克服しうるか,は未だ明らかでないが,今後の課題とするに値するだろう.

　いずれにせよ,より多くの人に開かれたコミュニケーションのあり方は,対面神話を克服したときにはじめて見えてくるに違いない.

謝辞

本研究は，JSTムーンショット型研究開発事業，JPMJMS2215，および，日立財団2021年度（第53回）倉田奨励金による研究課題「メディアコミュニケーションのリデザイン——〈身体性〉・〈言語〉・〈環境〉に着目した応用哲学的探究」の支援を受けたものである．

本稿の内容は，日本科学哲学会第55回大会シンポジウム「コミュニケーションメディアの哲学」での筆者の提題「対面神話を乗り越える——コミュニケーションの再設計に向けて」を元にしたものである．

注

1. 「テレプレゼンス技術」とは，離れた場所にいる，あるいは，離れた相手と一緒にいる，と感じさせる技術のことを指し，狭義では遠隔操作型ロボットのようなデバイスを操作して，複数のモダリティの情報フィードバックを受け取るものに対して用いられる（cf. 呉羽 2020）

2. 日本行動嗜癖・依存症学会「ゲーム・ネット・スマホが発達障害的な児童を増やすとする文科省調査報告書への学会声明文」，2023年1月20日．
   URL＝<https://jssba.org/?p=1459>，2023年11月20日閲覧．

3. メディアの利用法に着目しながらオンラインコミュニケーションが人間関係に及ぼしうる影響について警鐘を鳴らす論者（e.g. Greenfield 2015）もいる．なお，コミュニケーションメディアに関する悲観論者はしばしば，オンラインコミュニケーションそのものではなく「行き過ぎたオンラインコミュニケーションの多用」を警告する，という論調を採るが，オンラインメディアに限らず，何かの「行き過ぎた多用」が悪影響をもたらすのは当然であるため，この主張は実質を欠いている．

4. 呉羽（2020）は，「ある技術が及ぼす影響をもっぱら当該技術を構成する物質的人工物の内在的特性に由来すると見なす」（ibid., p. 69）考え方を，「技術本質主義」と呼んで批判した．しかし，技術本質主義を批判する技術哲学者のフィーンバーグ（Feenberg 1999）は，この言葉で，技術が一般に効率や合理的支配をもたらすことを本質とする，と見なす立場（ハイデガーなど）を指している．この用法からすれば，コミュニケーションメディアのような個別の技術の影響についての考え方にこの用語を当てはめるのは適切でなかったかもしれない．

5. 「日本を含む11カ国，12,000人調査：82％が，人よりロボットがメンタルヘルスを上手く支援と回答」，『日本オラクル・ニュースコネクト』2020年10月8日．URL＝<https://www.oracle.com/jp/corporate/pressrelease/jp20201008.html>，2023年11月25日閲覧．

6. より詳細に対面とオンラインの差異を分析した文献として，田中・森（2022）および田中（2022）を参照せよ．

7. オンライン化で助かった人がいないか，と合わせて，オンラインより対面を好むのはどんな人か，を考えることも有益である．この問いに対して，社会的地位の高い人がそれを好む，という答えを示した調査結果がある．例えばリクルートの調査では，会議形態について，管理職では「対面が有意義」，一般社員では「対面でもオンラインでも同じ」が最多，という結果だった（「伝達の会議「オンラインでいい」過半数リクルート調査」，『日本経済新聞』2021年12月2日．URL＝<https://www.nikkei.com/article/DGXZQOUC0298Z0S1A201C2000000/>，2023年11月20日閲覧）．年齢のような要因が影響していると考えられるが，呉羽（2021）はそれだけでなく，場を支配するための工夫（座席配置，声音，視線，体勢等）を使えないためにテレビ会議に不満を抱く人がいるのではないか，という推測を述べている．これは憶測の域を出ないとはいえ，それを支持する心理学の報告として，対面会議に見られる支配関係がテレビ会議では減少する，というものがある（cf. 馬田他 2022）．

8. 呉羽（2022）は，身体性の「多様性」に，「融通性」（技術的条件等の状況に応じて変化する），「汎通性」（現実の人間のあらゆる種類の認知活動に伴う）を加えた「身体性に関する3テーゼ」を，オンラインの認知活動の身体性を理解するための鍵として提唱している．

9. 『サロゲート』には車椅子の高齢者が悪役として登場する．なお，本文中に挙げたディストピア的作品群とは対照的に，アバター技術やテレプレゼンス技術のようなメディアを否定的でない仕方で描いたハインラインの『ウォルドウ』（Heinlein 1942）や映画『アバター』（2009）は，身体障害者を主人公としている．

10. この疑問は，実際に筆者がコミュニケーションメディアの技術哲学に関する講演を行った際に，視聴していた哲学研究者から質問されたものである．それに対する本文以下の応答は，同講演会で筆者が質問の意味を捉え損ねて答えに詰まった際に，同席した次田瞬氏（名古屋大学）から示唆を得て述べた回答を再構成したものである．

11. 日本科学哲学会第55回大会シンポジウム「コミュニケーションメディアの哲学」で，登壇者の稲見昌彦氏（東京大学）から，同氏らの研究においても当該の技術に関する認知バイアスが確認されている旨の発言があった．

12. ただし，オンラインの難点としてトラブルを挙げる人はしばしば，問題の捉え方を誤っている．その点を物語るエピソードとして，本稿の元になる提題が行われた日本科学哲学会第55回大会シンポジウム「コミュニケーションメディアの哲学」当日に起きた出来事を挙げたい．同企画は，元々全面対面で開催予定だったが，開始直前に企画の模様をZoomによって複数の教室に配信する形態に変更となり，その結果，Zoomが落ちる，提題者の声がハウリングする，といったトラブルに複数回見舞われた．オーディエンスの中には，この点が筆者の対面神話批判に対する反論になっているのではないか，という指摘を寄せる者がいた．だが，厳密には同企画の開催形態は対面とオンラインを組み合わせたハイブリッドだったのであり，ハイブリッド開催のイベント（特に十分な

準備がなされない場合）では全面オンライン開催の場合に比べて高頻度でトラブルが発生することは知られている．そこで，当日のトラブルを「最初から全面オンラインにしなかったせい」あるいは「オンラインに対面を混ぜたせい」と捉えることも可能である．それにもかかわらずトラブルの原因をもっぱらオンラインに帰する人がいたのは，対面神話の根深さを示している．

13. デューイ自身は改善論的技術哲学を唱えたわけではない．村田（2009）が言うように，デューイは当時の状況ゆえに，技術をもっぱら問題解決の道具と見なし，技術そのものが孕む問題には集中的に取り組まなかった．

14. この事例は，藤川直也氏（東京大学）との議論の中で，呉羽（2021）で述べた着想を元にしつつ藤川氏が提案したものである．

15. 以上の反論は，日本科学哲学会第55回大会シンポジウム「コミュニケーションメディアの哲学」のディスカッションにおいて，山田圭一氏（千葉大学）から寄せられた質問を再構成したものである．考察を深める機会を提供し，また本稿での言及を許可してくれた同氏に感謝する．

16. この反論は，日本科学哲学会第55回大会シンポジウム「コミュニケーションメディアの哲学」のディスカッションにおいて，筒井晴香氏（東京大学）から寄せられた質問を再構成したものである．考察を深める機会を提供し，また本稿での言及を許可してくれた同氏に感謝する．

17. 日本科学哲学会理事会「日本科学哲学会をすべての人にとって心地よい研究活動の場とするために」，2023年3月29日．URL＝<http://pssj.info/harassment.html>，2023年11月22日閲覧．

文献

Asimov, I. 1957. *The Naked Sun*, Garden City: Doubleday. ［アシモフ，A 2015. 『はだかの太陽 新訳版』，小尾芙佐訳，早川書房.］

Boyd, D. 2014. *It's Complicated: The Social Lives of Networked Teens*, New Haven: Yale University Press. ［ボイド，D 2014. 『つながりっぱなしの日常を生きる──ソーシャルメディアが若者にもたらしたもの』，野中モモ訳，草思社.］

Briggle, A. 2008. "Real friends: how the internet can foster friendship", *Ethics and Information Technology*, 10(1): 71-79.

Denworth, L. 2019. "The kids (whousetech) seem to be all right", *Scientific American*, 320(1) (January 15, 2019). URL＝<https://www. scientificamerican.com/article/the-kids-who-use-tech-seem-to-be-all-right/>，2023年11月25日閲覧．［デンワース，L 2020.「スマホ利用と心の健康」，『日経サイエンス』2020年4月号：86-92.］

Dewey, J. 1988. *Reconstruction in Philosophy and Essays, 1920 (The Middle Works of John Dewey, 1899-1924, Vol. 12)*, Carbondale: Southern Illinois University

Press.［デューウィ, J 1968.『哲学の改造』，清水幾太郎・清水礼子訳，岩波書店.］

Dreyfus, H. L. 2001. *On the Internet*. London: Routledge.［ドレイファス，H・L 2002.『インターネットについて——哲学的考察』，石原孝二訳，産業図書.］

Feenberg, A. 1999. *Questioning Technology*, London: Routledge.［フィーンバーグ，A 2004.『技術への問い』，直江清隆訳，岩波書店.］

Flora, C. 2018. "Are smartphones really destroying the adolescent brain?", *Scientific American*, 318(2) (February 1, 2018). URL=<https://www.scientificamerican.com/article/are-smartphones-really-destroying-the-lives-of-teenagers/>, 2023年11月25日閲覧.［フローラ，C 2018.「スマホは若者の心に有害か」，『日経サイエンス』2018年5月号：66-73.］

Forster, E. M. 1909. "The machine stops", *The Oxford and Cambridge Review*, November 1909.［フォースター，E・M 2022.「機械は止まる」，井上義夫訳，『E. M. フォースター短篇集』(pp. 235-294)，筑摩書房.］

Greenfield, S. 2015. *Mind Change: How Digital Technologies Are Leaving Their Mark on Our Brains*, NewYork: Random House.［グリーンフィールド，S 2015.『マインド・チェンジ——テクノロジーが脳を変質させる』，広瀬静訳，KADOKAWA.］

Heinlein, R. A. 1942. "Waldo", *Astounding Science Fiction*, August 1942.［ハインライン，Q・A 1982.「ウォルドウ」，冬川亘訳，『魔法株式会社』(pp. 9-178)，早川書房.］

Kale, S. 2020. "The neuroscience of why you could really use a hug right now", *WIRED*, May 5, 2020. URL=<https://www. wired.com/story/the-neuroscience-of-why-you-could-really-use-a-hug-right-now/>, 2023年11月25日閲覧.［Kale, S. 2020.「人との距離が求められるいま，「ハグしたい」欲求には科学的な理由がある」，『Wired日本版』，2020年6月20日. URL=<https: //wired. jp/2020/06/20/the-neuroscience-of-why-you-could-really-use-a-hug-right-now/>, 2023年11月25日閲覧.］

Konrath, S., O'Brien, E., & Hsing, C. 2011. "Changes in dispositional empathy in American college students over time: a meta-analysis", *Personality and Social Psychology Review*, 15(2): 180-198.

Kraut, R., Kiesler, S., Boneva, B., Cummings, J. N., Helgeson, V., & Crawford, A. M. 2002. 'Internet paradox revisited,' *Journal of Social Issues*, 58(1): 49-74.

Kraut, R. E., Patterson, M., Lundmark, V., Kiesler, S., Mukhopadhyay, T., & Scherlis, W. 1998. "Internet paradox: a social technology that reduces social involvement and psychological wellbeing?", *American Psychologist*, 53(9): 1017-1032.

Nozick, R., 1974. *Anarchy, State, and Utopia*, New York: Basic Books.［ノージック，R 1994.『アナーキー・国家・ユートピア——国家の正当性とその限界』，

嶋津格訳, 木鐸社.]

Moon, Y. 2003. "Don't blame the computer: when self-disclosure moderates the self-serving bias", *Journal of Consumer Psychology*, 13 (1): 125-137.

Popper, K. 1966. *The Open Society and Its Enemies, Volume 1: The Spell of Plato (5th Edition)*, London: Routledge. [ポパー, K 2023.『開かれた社会とその敵第1巻プラトンの呪縛』上下巻, 小河原誠訳, 岩波書店.]

Turkle, S. 2015. *Reclaiming Conversation: The Power of Talk in a Digital Age*, New York: Penguin Press. [タークル, S 2017.『一緒にいてもスマホ──SNSとFTF』, 日暮雅通訳, 青土社.]

Twenge, J. M. 2017. "Has the smartphones destroyed a generation?", *Atlantic*, 320 (September 2017): 58-65.

Verbeek, P. P. 2011. *Moralizing Technology: Understanding and Designing the Morality of Things*, Chicago: University of Chicago Press. [フェルベーク, P・P 2015.『技術の道徳化──事物の道徳性を理解し設計する』, 鈴木俊洋訳, 法政大学出版局.]

Weinberg, A. M. 1966. "Can technology replace social engineering?", *Bulletin of the Atomic Scientists*, 12 (10): 4-8.

Winner, L. 1986. *The Whale and the Reactor: A Search for Limits in an Age of High Technology*, Chicago: University of ChicagoPress. [ウィナー, L 2000.『鯨と原子炉──技術の限界を求めて』, 吉岡斉・若松征男訳, 紀伊國屋書店.]

赤田圭亮 2021.「コロナ禍の学校から「GIGA」スクール構想」を考える」,『現代思想』2021年4月号:126-151.

稲見昌彦 2020.「ポスト身体社会──Physical Distancing と Social Intimacy の両立」, 東京大学情報理工学系研究科編 2020, (pp. 103-109).

馬田一郎・伊集院幸輝・加藤恒夫・山本誠一 2022.「対面・オンラインのコミュニケーション特性比較──共創活動の観点から」,『認知科学』29 (2): 163-173.

江間有沙 2019.『AI社会の歩き方──人工知能とどう付き合うか』, 化学同人.

加納 圭 2023.「理科離れ再考」,『現代思想』51 (4): 108-116.

川島隆太 2022.『オンライン脳──東北大学の緊急実験からわかった危険な大問題』, アスコム.

草塩拓郎 2020.「存在感って? 見えぬ正体「画面越し」に難しさ」,『日本経済新聞電子版』2020年9月26日. URL=<https: //www. nikkei. com/article/DGXMZO64270030V20C20A9MY1000/>, 2023年11月23日閲覧.

呉羽 真 2020.「テレプレゼンス技術は人間関係を貧困にするか?──コミュニケーションメディアの技術哲学」,『Contemporary and Applied Philosophy』11: 58-76.

─────── 2021.「コロナ禍における大学授業のオンライン化は何を示したか?

　　　　　──コミュニケーションメディアの技術哲学Ⅱ」,『現象学年報』37：107-113.

──────　2022.「オンラインの身体性」,『認知科学』29 (2)：158-162.

呉羽　真・伊勢田哲治　2022.「あとがき」, 呉羽　真・伊勢田哲治編,『宇宙開発をみんなで議論しよう』(pp. 242-246), 名古屋大学出版会.

田中章浩　2022.『顔を聞き, 声を見る──私たちの多感覚コミュニケーション』, 共立出版.

田中彰吾・森　直久　2022.「間身体性から見た対面とオンラインの会話の質的差異」,『こころの科学とエピステモロジー』4：2-17.

東京大学情報理工学系研究科編　2020.『オンライン・ファースト──コロナ禍で進展した情報社会を元に戻さないために』, 東京大学出版会.

直江清隆　2017.「技術観のゆらぎと技術をめぐる倫理」, 中島秀人編,『岩波講座現代2　ポスト冷戦時代の科学／技術』(pp. 39-66), 岩波書店.

ハンセン, H. 2020.『スマホ脳』, 新潮社.

南澤孝太　2021.「身体とテクノロジーが融合する時代, 人の心はどう変わる？」,『心理学ワールド』94：9-12.

村田純一　2009.『技術の哲学』, 岩波書店.

(山口大学)

自由応募論文

道徳基盤理論と二項道徳理論は情動の本性をめぐって対立しているのか

太田　陽

Abstract

The two competing camps of theorists in moral psychology share one common view on the disagreement between their theories: *moral foundations theory* presupposes *basic emotion theory*, while *dyadic morality theory* presupposes *constructionist theory of emotion*. The paper challenges this common view. First, it reviews the four theories. Second, it clarifies the issue about the relation between the moral contents and emotions on which the two camps of moral-psychological theorists dispute. Third, it identifies the explananda for the moral-psychological theories, and examines the two distinctive types of explanations that each of the two theories offers to them. Finally, it concludes that the deepest disagreement between the two morality theories consists in the role that the theories give to emotions in explaining moral judgments.

1.　導入

近年の道徳心理学では，人々の道徳判断をある種の情動[1]にもとづいて説明する理論が注目を集めている[2]．なかでも，Jonathan Haidt らの唱える道徳基盤理論（moral foundations theory; 以下ではMFTと略記する）は，5つの「道徳基盤」モジュール群の働きによって，道徳にかかわる幅広い現象を説明できると主張する（Haidt, 2012; Graham et al., 2018）．これにたいして，Kurt Gray らのグループは二項道徳理論（dyadic morality theory；DMTと略記する）を提案して，さまざまな道徳判断を，規範の侵犯の知覚・ネガティブな情動・危害の知覚という3つのプロセスの組み合わせによって説明しようとしている（Gray et al., 2012a; Schein & Gray, 2018）．2つのグループのあ

2021 年 10 月 6 日投稿，2022 年 8 月 7 日再投稿，2022 年 12 月 31 日再々投稿，
2023 年 7 月 25 日再々々投稿，2023 年 8 月 22 日審査終了

いだでは激しい批判の応酬（e.g., Graham et al., 2009; Schein & Gray, 2015a; Schein & Gray 2015b; Haidt et al., 2015; Schein & Gray, 2018; Graham et al., 2018; Cameron et al., 2015; Valdesolo, 2018）が続いているが，このあと詳しく見るように，実際のところ2つの理論が何をめぐって対立しているのかは自明ではない．

　そのような状況のなかで，両理論の陣営が共通して認めている対立点は，前提とする情動理論の違いである．すなわち，MFTはPaul Ekmanらに始まる基本情動理論（basic emotion theory; BETと略記する；Ekman & Cordaro, 2011）を，DMTはLisa Feldman Barrettらが提案する構成主義理論（constructionist theory; CTと略記する；Barrett, 2017）を前提として，道徳判断の説明を試みているとされる（Cameron et al., 2015; Valdesolo, 2018）．本稿では，2つの道徳理論の対立をそれぞれが前提とする情動理論の対立とみなす見解を批判する．

　本稿の構成は次のとおりである．まず2節では，MFTとDMTという2つの道徳理論の概要をしめす．さらに3節では，2つの道徳理論が前提としていると言われる，BETとCTという2つの情動理論を概観する．4節では，2つの道徳理論の支持者のあいだで続いている道徳内容と情動の関係をめぐる論争を振り返りその争点を明確化する．そのうえで，5節では，2つの道徳理論が共通して被説明項とみなす，道徳判断のもつさまざまな特徴を抽出し，それらの被説明項にたいする両道徳理論の説明を対照する．6節では，2つの道徳理論の一方だけが認める独自の被説明項をとりあげ，その説明における情動の役割に，2つの道徳理論の根本的な対立点があることをしめす．最後に，7節では，本稿の分析の含意について手短に述べる．

2.　2つの道徳理論
2.1　道徳基盤理論（MFT）

　現在，道徳心理学において強い影響力をもつ1つの立場は，Haidtらのグループが提案するMFTである（Haidt, 2012; Graham et al., 2018）．彼ら自身の整理によれば，MFTは，道徳判断についての，**多元主義・生得主義・文化的学習の重視・直観主義**という4つの主張の組み合わせとして理解できる（Graham et al., 2018, pp. 211-213）．従来の道徳心理学（e.g., Kohlberg, 1969; Turiel, 1983）が，道徳判断を説明する際もっぱら危害や公正といった価値に注目してきたのにたいして，Haidtらは道徳判断をより多様なものとみなしている．彼らによれば，道徳判断のターゲットとなる出来事（本稿ではCameron et al. [2015] にしたがいこのような出来事を「道徳内容」と呼ぶ）

は，ケア／危害，公正／欺瞞，忠誠／背信，権威／転覆，神聖／堕落という，すくなくとも5つのタイプに分類できる[3]（多元主義）．

　人間は，進化の歴史上に生じた多様な適応課題に対処してきた結果，これら5つの道徳内容に対応する「道徳基盤」と呼ばれる5組のモジュール群を生まれながらに持っている（生得主義）．それぞれの道徳基盤モジュール群は，特定のドメインの社会的な出来事にたいして反応し，特定の情動経験・道徳判断を生み出す心理メカニズムであると考えられている．たとえば，神聖／堕落の基盤は，病原菌などによる汚染を避けるという適応課題に対処する優位性から進化したと考えられており，汚染を知らせる嗅覚的・視覚的なパターンや，価値があると考えられているものを損なうタイプの行為や出来事を入力として受け取ると，嫌悪の情動をひきおこし，そのような対象が道徳的に悪いという判断を生じさせる（Haidt, 2012, 邦訳 pp. 235-245; 以下 Haidt［2012］を参照する際は邦訳［高橋, 2014］のページ数をしるす）．

　他方で，これら5つの道徳基盤の機能は文化の影響によってさまざまに変化する．5.2節であらためて詳しく述べるが，特定の価値を重視する文化のなかで育った子どもは，その文化独特の知識を習得し，特定のタイプの出来事に反応しやすくなる（文化的学習）．たとえば，権威／転覆のモジュール群は文化を越えて存在するが，このモジュールから年長者と出会うと自動的にお辞儀をするという反応が生じるようになるのは，年長者や権威ある人物を敬うヒンドゥー教文化などで子どもが成長した場合である（Graham et al., 2018, p. 212）．

　さらに，MFTでは，二重過程理論（e.g., Kahneman, 2011）の言うシステム1とシステム2という2つのタイプの認知プロセスの組み合わせによって，道徳判断の生起を説明する．第一に道徳判断に関わるのは，自動的ですばやい反応を生み出すシステム1（直観）であり，意志によってコントロールされ処理に時間のかかるシステム2（熟慮）は，自身の道徳判断を他者に説明する場合など，おもに事後的な合理化に関わるとされる[4,5]（直観主義）．

2.2 二項道徳理論（DMT）

　近年，HaidtらのMFTにたいして批判を加え，代替の理論を提案しているのが，Grayらのグループである．Grayらが提唱するDMTによれば，道徳判断は，他者の心の知覚とそれにもとづく危害（harm）の知覚を通して生み出される．一般に危害とみなされる事態は，行為の担い手（agent）の意図と，その行為の受け手（patient）の苦痛という，ふたりの人物の心的状態（すなわち，二項）と，さらに，そのあいだの因果関係という3つの要素を典型的

な特徴としてもつ．私たちはこの３つの要素を危害についての認知的テンプレート（cognitive template）として保持している（Rosch, 1978）．私たちが何らかの事態を経験すると，その事態の実例はこのテンプレートと比較され，典型的特徴をもつ度合いに応じて，有害な事態としてカテゴリー化される[6]（Gray et al., 2012a; Gray et al., 2012b）．

DMTの近年のバージョン（Schein & Gray, 2018; Gray et al., 2017）は危害の知覚と道徳判断の関係をさらに詳しく説明している．それによれば，道徳判断は**規範の侵犯の知覚・ネガティブなコアアフェクト[7]・危害の知覚**という３つのプロセスから生じる[8]．ScheinとGray（2018, p. 35）によれば，規範とは，他の人々が実際どのように行為するか，あるいはどのように行為すべきかについての信念やそれを明文化した規則である．嘘をつくのは悪いことだという道徳的な非難が生じるには，まず，嘘をついてはならないという規範が侵されているという事態の知覚が必要である．しかし，規範のなかには慣習的規範（e. g., 学校には制服を着ていくべきだという規範，Turiel, 1983）のように道徳に関わらないものも多くあるため，２つ目の要素として付け加えられるのが，ネガティブなアフェクト（negative affect）である（Nichols, 2002）．たとえば，レストランで同席している人が彼自身がこれから食べようとしているスープのなかに唾を吐くとしよう（Schein & Gray, 2018, p36; Gray et al, 2017, p. 43）．この事態は一般に「嫌悪」とカテゴリー化されるような強いネガティブなアフェクトをひきおこす．しかし，これだけではこの事態を不道徳とみなすことはできない．そこで持ち出される３つ目の要素が，先に述べた危害の知覚である．レストランで同席者が今度はあなたのスープに唾を吐いたとすると，同席者があなたに苦痛をひきおこしつつある，という事態が危害としてカテゴリー化され，同時に不道徳的であると判断される可能性が生じてくる（Gray et al, 2017, p. 43）．

ScheinとGray（2018, p. 52）自身によれば，DMTは，**生得主義・文化的学習の重視・直観主義・多元主義**というMFTの４つの主張すべてに同意する．DMTは，危害を知覚する能力は生得的であり，危害の知覚のしかたは文化的学習に影響されると考える．さらに，道徳性および危害の知覚は直観的に処理されるとみなす．そして，危害の知覚のバリエーションから多様な道徳判断が生じることを認め，道徳判断の多元性に同意する．このような意味で，DMTの立場は多元主義と両立するという．

2.3 対立の捉え方をめぐる食い違い

MFT・DMTそれぞれの支持者のあいだでは，両理論間の対立点がどこに

あるのかという見解自体にも食い違いがある[9]．近年，MFTを支持するHaidtやGrahamらは，自説とGrayらDMTとの対立を多元主義と一元主義との対立とみなしている．すでに述べたように，Haidtらは，自説の主張の1つとして多元主義をあげているが，Haidtらの陣営によれば，DMTは「多元的に見える道徳的態度・信念は，危害の知覚によって完全に説明できる」と主張しており，「道徳性は何か1つのものに還元できる」と考えているという意味で一元主義をとる（Graham et al., 2018, p. 215）．しかし，前節で見たとおり，Grayらはこの対立の捉え方を否定しており，自身らは，危害の知覚のバリエーションから多様な道徳判断が生じることを認め，多元主義に同意すると述べている（Schein & Gray, 2018, p. 34）．

　他方で，DMTの陣営に属するScheinとGray（2018, p. 52）は，2つの道徳理論の対立を，心のアーキテクチャをめぐる，モジュール説と構成主義との対立とみなしている．実際，このあと5.2節で詳しく述べるように，HaidtらのMFTでは，5つの道徳基盤はDan Sperber（2005）の言う「学習モジュール」であるとされる（Haidt & Joseph, 2008）．Haidtらは5つの道徳基盤ごとに，特定の道徳内容を受け取り，特定の情動と道徳判断を生み出す専用の心理メカニズムが存在すると考えている．これにたいして，Grayらは，心についての構成主義（Lindquist et al. 2012; Lindquist, 2013）を支持すると述べており，道徳判断のような一般の人々が認める心理的現象が，その生起に特化したプロセスから生み出されるのではなく，カテゴリー化やアフェクトのような，より汎用的なプロセスの相互作用から構成されると考えている（Schein & Gray, 2018）．

　このようなすれ違いのなかで，両陣営が共通して対立点とみなしているのは，2つの道徳理論が前提とする情動理論の違いである．すなわち，MFTはBETに，DMTはCTにもとづいているという捉え方が，双方の道徳理論の支持者からしめされている（Cameron et al., 2015; Valdesolo, 2018）．たとえば，MFTを支持する，Valdesolo（2018, p. 90）は「［MFTの前身である］社会直観モデル［Haidt, 2001］からMFTへの移行に必要な情動理論は（中略）BETの1バージョン」であると述べ，MFTがたんなる快不快の感じではなくBETの想定する嫌悪や怒りといった個別の情動を利用していることを認めている．他方で，DMTを支持するCameronらは，CTでは身体状態の知覚を「コアアフェクト」と呼び，情動の中心的な構成要素とみなすことを説明したうえで，「道徳判断はコアアフェクトと（中略）概念的知識との組み合わせをふくむ」という提案をおこなっている（Cameron et al., 2015, p. 376）．そのうえで，両道徳理論の陣営は前提とする情動理論にたいする批判

と応答をつづけているが，本稿ではこの後この対立の捉え方が誤っていることをしめしていく．まずはその準備として2つの情動理論の概要を把握しよう．

3. 2つの情動理論
3.1 基本情動理論（BET）

　情動にかんする心理学的研究において，長く支配的な地位を占めてきたのはEkmanに始まるBETである（Ekman & Cordaro, 2011）．BETによれば，情動に関連する基本的な心理プロセスは，一般の人々の言葉遣いに対応して存在している．たとえば，初期のEkmanは，喜び・悲しみ・怒り・恐怖・嫌悪・驚きという6つのプロセス（基本情動）をあげている．各情動プロセスは，特定の神経メカニズムによって実現されており，特定のタイプの刺激を入力として受け取って，表情・音声・生理的状態（血流・呼吸・発汗など）・行為・主観的経験などをふくむ反応のパッケージを自動的に出力する．この意味で基本情動はモジュールとみなされている（Griffiths, 1997）．各モジュールがこれらの反応を調整しており，情動ごとに独特な反応の組み合わせパターンがみつかる．たとえば，怒りの基本情動モジュールは，仲間に危害を与えようとする敵などを前にして，しかめっ面になる・血圧が上がる・殴ったり怒鳴ったりしたいという衝動を抱くなどの反応をひきおこす．この結果，一般の人々が「怒り」と呼ぶ心的状態の実例は，互いに似通った性質をもつことになる．このように，BETでは，一般の人々が心的状態を指ししめすのに用いる情動カテゴリーごとに，そのカテゴリーのメンバーはある程度共通の性質の集合をもつと考えられている．とくに，基本情動モジュールは，特定のタイプの刺激を入力として受け取って，高い確率で特定のタイプの反応を出力として返すと考えられている．

3.2 構成主義理論（CT）

　近年，BETに代わる新しい立場として提案されているのが，Barrettらのグループによる，CTである（Barrett, 2017; Lindquist, 2013）．BETと異なりCTは，「喜び」や「悲しみ」など一般の人々の用いる言葉にそのまま対応する心理プロセスのタイプが存在することを否定する．CTによれば，「喜び」や「悲しみ」あるいは「情動」と呼ばれる現象は，コアアフェクト[10]・外受容感覚・概念化・実行機能といった，より汎用的なプロセスの相互作用をとおして構成される．コアアフェクトは，自身の身体状態についての知覚であり，外受容感覚は，外界の知覚である．概念化は，コアアフェクトと外受容

感覚の組み合わせを，状況に応じて過去の知覚経験の記憶と比較することでカテゴリー化するプロセスである．実行機能は，これらプロセスを制御し，統一的な意識経験をつくり出す．また，CTによれば，それぞれの汎用プロセスは，広範囲に分散した脳領域からなるネットワークによって実現されており，喜びや悲しみを実現する専用の神経メカニズムは存在しない．こうして，CTはBETとは対照的に，喜びや悲しみ専用のモジュールの存在を否定することになる．ここでCTの主張の重要なポイントは，「喜び」や「悲しみ」などのカテゴリー化のしかたは個人の知覚の履歴の積み重ねと個別の状況の違いに応じて集団間・個人間・個人内すべてにおいて変動しうるということだ．たとえば，飛行機のなかでヘビを見つけたときのコアアフェクトは「恐怖」としてカテゴリー化されるが，動物園でヘビを見るときのコアアフェクトは（たとえ同じタイプの身体状態を表象していたとしても）「興味」としてカテゴリー化されるかもしれない (Gray et al., 2017)．この結果，「情動」あるいは「悲しみ」といった語が指示するのは，多くの場合，語の使用者自身の経験する外受容感覚・内受容感覚（あるいは，他者の表情や行動）を組み合わせた雑多な実例のよせ集めである．それゆえ，CTの考えでは，決まったタイプの入力刺激がきっかけとなって，「喜び」や「悲しみ」の言語報告が生じるわけではない．また，そのような特定の情動の言語報告にともなって生じる，表情・音声・生理的状態・行為・主観的経験などの反応にも決まったパターンはない．このように，情動プロセスにたいする入力と出力とが高い確率で共起するというBETの想定を，CTは否定している．

4. 道徳内容と情動の関係にかんする論争

DMTを支持するCameronら (2015) は，このような2つの情動理論の違いを背景として，BETという情動理論は誤っており，それを前提とする道徳理論であるMFTもまた誤っている，という批判をおこなっている．彼らによれば，MFTでは道徳内容（道徳判断のターゲットとなる出来事）のタイプとそれにともなって生じる情動のタイプとの一対一対応が想定されている．そして，その対応関係は，各タイプの道徳内容を処理する専用の道徳基盤モジュールに起因すると考えられている．たとえば，神聖／堕落に関連する道徳内容は嫌悪の情動をひきおこし，危害／ケアに関連する道徳内容は怒りの情動をひきおこす．そして，この対応関係はそれぞれ神聖／堕落の道徳基盤モジュールと，危害／ケアのモジュールとが存在することによって生じるとみなされている．このような一対一対応の想定は，MFTがBETからひきついだものである．しかし，経験的証拠によれば，そのような一対一対応は成

り立たない．それゆえ，MFTは誤っている，というのがCameronらの批判である．これにたいして，MFTの陣営に属するValdesolo (2018) は，MFTがBETにもとづくことを認めたうえで，MFTは実際には道徳内容のタイプと情動のタイプとの関係を多対多対応とみなしていると述べて，批判をかわしている．

　このやりとりは用語法の混乱をふくんでいる．以下では道徳内容のタイプとそれにともなって生じる情動のタイプとの関係にかんする主張を，2つの争点にそって明確化したい．まず，CameronらとValdesoloのあいだで現に争われているのは，道徳内容と情動とのあいだにどのような種類の対応関係（一対一，一対多，多対一，多対多）があるのかという問題である．この点にかんして，Cameronらは，道徳内容のタイプと情動のタイプとが一対一対応するとみなす立場をMFTの支持者に帰属させており，自身らはそれを否定している．しかし，Haidtら自身による道徳基盤モジュールについての論述を見ると，CameronらによるMFTの理解は誤っており，MFTは少なくとも道徳内容のタイプと情動のタイプとの多対一の対応関係を認めていることがわかる．Haidt (2012, p.206) は，各道徳基盤が入力として受け取る代表的なトリガーとしてそれぞれ1つのタイプの道徳内容を挙げている．たとえば，公正／欺瞞の道徳基盤モジュール群が入力として受け取る道徳内容は，協力的あるいは利己的にみえる他者の態度であり，忠誠／背信の道徳基盤モジュール群が担当する道徳内容は，集団にたいする脅威であるという．そのうえで，彼は道徳基盤とそれが出力する情動とのあいだには多対一の関係を認めている．たとえば，公正／欺瞞の道徳基盤が出力する特徴的な情動は，怒り・感謝・罪悪感であり，忠誠／背信の道徳基盤に特徴的な情動は，集団にたいする誇りと裏切り者にたいする怒りであると述べており，ここでは，公正／欺瞞および忠誠／背信という2つの道徳基盤モジュールが共通して，怒りという1つの情動を出力するとされる．この結果，Haidtは他者の態度あるいは集団への脅威という2つの道徳内容と，怒りという1つの情動とが対応することを認めていることになる．

　さらに，ここにはもう1つ争点が隠れている．それは道徳内容のタイプと情動のタイプとがどのくらいの確率で共起するのかという問題である．Valdesolo (2018, p.90) はCameronらが「一対一対応」で意味するのは，「嫌悪が，神聖性の侵犯のすべての事例によって喚起され，かつ，神聖性の侵犯によってのみ喚起されることだ」と述べている．これは対応関係の種類にかんする主張ではなく，特定の道徳内容が100％特定の情動をひきおこす，という確率にかんする主張である．ここでは2つの情動理論のあいだの争点を

ひきついだ対立が維持されている. 前節で確認したように, BET と CT という 2 つの情動理論のあいだの争点の 1 つは, あるタイプの情動経験が報告されるときに, 情動プロセスの入力刺激や出力反応などをふくむさまざまな性質がある程度高い確率で共起すること (情動カテゴリーの均質性) を認めるかどうかという点にあり, BET がこの均質性を認める一方で, CT はこれを否定していた. ただし, ここで注意すべきなのは, 現在では BET の支持者でさえ情動反応にたいする文脈や個人差の影響を認めており (e.g., Scarantino, 2015), Valdesolo が指摘するような, 特定のタイプの入力と特定のタイプの情動の報告 (および, それにともなう反応) とが 100% の確率で共起する, という強い主張をする論者はほとんどいないということだ. これをふまえて道徳理論の両陣営の論述から読み取れるのは, MFT が実際に支持しており, DMT 陣営の Cameron らがほんとうに否定したいのは, 情動プロセスにたいする入力刺激の一例である道徳内容のタイプと, そのプロセスから出力される情動反応 (情動の主観報告など) のタイプとが高い確率で共起するということである.

対応関係のタイプと確率の高さという 2 つの争点にそって整理をした結果, MFT は道徳内容のタイプとそれにともなって生じる情動のタイプとが一対一対応することにはこだわりがなく, たんに特定の道徳内容のタイプと特定の情動のタイプとが高い確率で共起すると主張していることが明らかになった. これにたいして DMT は, 一対一対応と, 高い確率での共起のいずれも否定していることがわかった. 先に見たように道徳内容と情動とが高い確率で共起することを認めるかどうかという問題は, 情動カテゴリーの均質性を認めるかどうかという問題の一例であり, 結局 2 つの道徳理論のあいだには, 情動カテゴリーの均質性を認めるかどうかという点で, 情動の本性についての見解の違いがあるように思われる. それでは, MFT は何のためにこの均質性の想定をおいているのだろうか. そして, 2 つの道徳理論は結局何のために情動にうったえているのだろうか. 道徳判断の説明における情動の役割を確認するために, 次節では, 2 つの道徳理論にもとづく説明それぞれの被説明項・説明項を明らかにする.

5. 道徳判断にたいする 2 つの説明
5.1 両理論共通の被説明項

ここではまず, 当初 MFT の陣営が自説の証拠として報告した **無害な悪事** (harmless wrong) および **道徳的まごつき** (moral dumbfounding)[11] と呼ばれる現象をとりあげる. 現在では 2 つの道徳理論の陣営はともに自説がこれらの

現象をうまく説明できると考えている．これら現象から両陣営がともに説明を試みる道徳判断のもつ特徴（つまり，被説明項）を取り出そう．

　無害な悪事とは，一見すると危害を含まないように見えるにもかかわらず，多くの人々が道徳的に容認できないと判断する，出来事や事態のことである．たとえば，合意のもとでおこなわれた近親相姦を記述したエピソードを読ませると，2人以外の誰もそのことを知らず，彼ら自身は幸せを感じていると書かれているにも関わらず，実験参加者の多くは，この出来事を悪いと判断する (Haidt et al., 2000; Haidt, 2012; Gray et al., 2014)．

　また，無害な悪事にはいくつかのタイプがあり，道徳判断の対象となる事態のタイプは，判断者が育った文化や，判断者が支持する政治的・宗教的なイデオロギーによってさまざまに変化する．たとえば，未亡人が魚を食べることは，アメリカ・シカゴの住人の多くにとっては，何の反応も呼び起こさない出来事だが，インド・オリッサでは，たんなる社会的慣習ではなく，道徳の侵犯とみなされる (Haidt, 2012, p. 46)．

　そして，重要なことに，このようなエピソードにおいて傷ついている人は誰もいない，この事態に危害は含まれていないということを実験者から説明されても，実験参加者の多くは意見を変えない．また，自身の判断の理由を問われると，実験参加者たちはまともな理由を探しあぐね，言葉を失ってしまう．これが道徳的まごつきと呼ばれる現象である[12] (Haidt et al., 2000; Haidt, 2001; 2012)．

　これら事例をもとに2つの道徳理論にとって共通の被説明項を特定したい．まず，無害な悪事の事例から取り出せるのは，道徳判断は，危害や公正にかかわるだけでなく，一見多様な出来事・事態にたいして下されるという特徴である．これを**多元性**と呼ぼう．さらに，文化やイデオロギーの違いに応じて一見無害に思われるさまざまな事態のなかでも異なるタイプの事態が道徳的に悪いとみなされる．この観察から引き出せるのは，道徳判断の**相対性**である．特定の出来事や事態にたいする道徳判断は個人間・集団間で異なりうる．

　さらに，道徳的まごつきを見出した実験結果からはHaidtらが「直観性」とひと括りに呼ぶいくつかの性質を取り出すことができる．まず，人々は道徳判断を短い時間ですばやく下す（**すばやさ**）．また，いったん下された道徳判断は，実験者の説明によって新たな情報をあたえられても変化せず（**不変性**），その判断の理由は判断者本人にとっても明らかではない（**理由の不透明性**）．

5.2 MFTにもとづく説明

はじめに，Haidtら自身の論述からMFTにもとづく説明を明示化しよう．MFTでは，ほとんどの被説明項は，基本情動モジュールを構成要素としてふくむ道徳基盤モジュール群のもつ性質を使って説明される．

まず，道徳判断の多元性は，道徳基盤モジュール群が複数存在していることによって説明される．危害や公正だけでなく，多様なタイプの出来事が道徳判断のターゲットとなるのは，それら出来事のタイプそれぞれをトリガーとして反応する専用の道徳基盤モジュール群が存在しているからである．

つぎに，道徳判断の相対性は，文化を通した学習によって説明される．HaidtらはここでSperber (2005) による2つのタイプのモジュールの区別を道徳に応用する．Haidtらの考えでは，まず，5つの道徳基盤と対応する5つの「学習モジュール」が存在する．それら学習モジュールが文化ごとに独特な社会的実践を入力として受け取り，個別のモジュールを出力する．つぎに，そうしてできた個別のモジュールが具体的な社会的出来事・事態のパターンを入力として受け取り，それにたいする評価や情動をともなう道徳判断を出力として返す．

公正／欺瞞の基盤を例にとってみよう．文化の違いをこえて人間は公正にかんする学習モジュールを生まれつきもっている．この学習モジュールは，人々が行列に並ぶ文化においてだけそのような社会的実践を入力として受け取って，割り込みに反応する個別のモジュールを出力として生み出す．そうして作られた割り込み検出モジュールは，行列にたいする割り込みというパターンを入力として受け取り，怒りの情動とともに，割り込みを悪とみなす道徳判断を出力する．(Haidt & Joseph, 2008, p. 379)．

さらに，Haidtらが「直観的」とみなす道徳判断のいくつかの性質は道徳基盤モジュール群のもつ性質によって説明される．まず，道徳判断がすばやく下されるのは，そのような判断を生み出す道徳基盤モジュール群の処理がすばやいからである．さらに，一度下した道徳判断を簡単に変更できないのは，道徳判断を下すためのモジュールの多くがカプセル化されており，他のプロセスから入力を受け取ってそれをもとに出力を変化させることがないからである．また，道徳判断の理由をはっきり答えることができないのは，道徳基盤モジュール群の多くが，意識的にアクセスできないことによって説明される (Haidt & Joseph, 2008)．

これらの説明において，BETをCTに置き換えることはできない．なぜなら，CTの想定する情動の要素であるコアアフェクトは，基本情動モジュー

ルのもつカプセル化などの性質をもたないからである．しかし，これらの説明において，BETは必要ではない．なぜなら基本情動モジュールに限らずとも，これらの性質をそなえた何らかのモジュールであれば，Haidtの説明したい道徳判断の特徴を説明できるからである[13]．

5.3 DMT にもとづく説明

つぎに，GrayらのDMTによる説明を明確化しよう．はじめに確認しておきたいのは，Grayらは，Haidtらが言う意味での無害な悪事の存在を，そのままでは認めていないということである．Grayたちは，合意のもとでおこなわれた近親相姦のように，客観的には無害なエピソードにたいしても人々は主観的な危害を見出しているのだと考える．そのうえで，DMTでは多くの被説明項は危害のカテゴリー化のプロセスにうったえて説明されている．

まず，道徳判断の見かけ上の多元性は，行為の担い手は誰か・その行為の受け手は誰か・どのような仕方で危害がひきおこされるのか，といった要因に依存した危害の捉え方の違いによって説明される (Schein & Gray, 2018, p. 34, p. 47)．たとえば，MFTの言う「公正」にかんする道徳判断は，不平等による危害が知覚された場合に生じ，「神聖」にかんする道徳判断は，魂にたいする危害の知覚から生じるのだという (Cameron et al., 2015, p. 376)．

また，保守とリベラルの道徳判断の食い違いのような，道徳判断の相対性も人々が何を危害とみなすかの違いによって説明される．たとえば，宗教的な保守がリベラルと違って貞操を道徳の問題とみなすのは，彼らが貞操を守らない者は地獄に堕ちて苦しむと信じており，この価値の侵犯をほんとうに有害だとみなしているからだという説明がなされる (Schein & Gray, 2018, p. 34)．

さらに，道徳判断の直観性もまた，危害のカテゴリー化プロセスに訴えて説明される[14]．まず，道徳判断がすばやく下されるのは，危害のカテゴリー化プロセスが短い時間で出力をすばやく返すからだという (Schein & Gray, 2018, p. 40)．また，いったん下された道徳判断を変更することが難しいのは，近親相姦のような出来事は実験シナリオを離れた実世界において有害であることが多いと実験参加者が信じているため，彼らがシナリオにたいして主観的な危害を見出して，当の出来事が道徳的に悪いという判断を維持し続けるからだという説明がなされる (Schein & Gray, 2018, p.44; Royzman et al., 2015, p. 300)．

ここまで，2つの道徳理論が共通して認める被説明項を抽出し，それらにたいする両道徳理論にもとづく説明を検討した．2.2節で見たように，Gray

ら自身は道徳判断の特徴づけの段階で情動の関与を認めていたが，本節で検討した道徳判断の性質にたいする実質的な説明では，Gray らはおもに危害のカテゴリー化というプロセスにうったえている．すでに明らかなように，5.3節での検討の範囲ではDMTにもとづく道徳判断の説明に情動は登場しない．他方で，5.2節でみたようにHaidt ら MFT の陣営が多くの被説明項を説明する際に必要としていたのは情動にかぎらない何らかのモジュールだった．4節で2つの道徳理論の争点を振り返ったかぎりでは，両理論のあいだには情動の本性をめぐる対立があるように思われた．しかし，本節での検討の範囲では，両道徳理論にもとづく道徳判断の説明において情動は不可欠なものではない．ここまでのところ，これら道徳理論の対立を情動理論の対立とみなすのは無理があると言えるだろう．それでは2つの道徳理論の根本的対立はどこにあるのだろうか．

6. 根本的対立はどこにあるのか：道徳判断の説明における情動の役割
6.1 MFTは情動を使って何を説明しているのか

前節では2つの道徳理論が共通して認める被説明項に注目してきたが，当然ながら2つの理論のうち一方だけが認める被説明項も存在する．本節ではそのような被説明項にたいする説明を検討する．その結果として，2つの理論が，1）道徳判断はどのような性質をもつとみなしているのか（何を被説明項とみなしているのか）という点，2）それら性質を情動のもつどのような性質にうったえて説明しようとしているのか（どのような説明項にうったえているのか）という点において異なっていることを示す．

MFTだけが認める道徳判断の特徴は，特定のタイプの道徳内容と特定のタイプの行動および評価とが高い確率で共起することである（**共起性**）．素朴に言えば，これは人々が道徳判断を下す際，特定のタイプの出来事にたいして否応なく特定のタイプの反応を返してしまうという特徴であり，多くの人が合意のうえでの近親相姦は悪いという一定の評価を下すのはこの一例である．これに対してDMTは道徳内容のタイプと行動および評価のタイプとの共起関係について明示的には何も主張していない．

Haidt と Joseph (2008, p.380) はこの共起性を「道徳的問題について考えるとき，（中略）感情をともなった直観が次々にほとばしり，注意の周りを跳ね回って，特定の結論の方へと人々を押しやる」と表現しており，この特徴を情動にうったえて説明しようと試みている．たとえば，4節でも簡単に紹介したように，Haidt (2012, p.206) は公正／欺瞞の道徳基盤モジュール群を構成する情動モジュールの役割について詳しく述べている．このモジュール

群のトリガーのひとつは，他人の態度である．人の態度が協力的で信用できるように見えるとき，喜びや友情の情動が生じ，その結果，私たちはその人と協力しようとする．反対に，人の態度が利己的で自分をだまそうとしているように思われるとき，怒り・軽蔑・嫌悪などの情動がひきおこされ，それによって，その人を避けるようになる．このような行動の結果，私たちは自分の利益につながるような他者との協力関係を築くことができる．

　ここでHaidtたちにとって重要なのは，情動の媒介によって，特定のタイプの道徳内容と特定のタイプの行動・評価とが高い確率で共起するということである．Haidtたちが主張したいのは，この公正／欺瞞の基盤のケースと同様に，すべての道徳基盤モジュール群それぞれが異なる適応課題の解決にとって有用であるがゆえに進化したということである．そのために，Haidtたちは，特定のタイプの道徳内容がトリガーとなって，特定の道徳基盤モジュール群が作動し，課題の解決にむすびつく特定のタイプの評価・行動が生じると想定している．

　そして，実際のところこの共起性は4節で検討した基本情動カテゴリーの均質性（とくに，喜び・悲しみなどのカテゴリーごとに高い確率で決まった入出力があること）にうったえて説明される．たとえば，喜び（悲しみ）の基本情動モジュールは，情動をいだく人の目標達成に貢献するものが存在する事態（その人にとって重要なものが喪失する事態）を入力刺激として受け取ると自動的に処理を開始する．そして，その刺激がひきおこす快（不快）の感じにもとづいて，事態を良い（悪い）とみなす評価を生じさせる．また，それによって，その刺激に接近する（回避する）行動をひきおこす．このような均質性をもつ基本情動モジュールの媒介によって，道徳基盤モジュール群にたいする入力である特定のタイプの道徳内容と，出力である特定のタイプの評価・行動とが高い確率で共起することが説明される．

　重要なことに，この説明では基本情動が不可欠なしかたで利用されている．まず，道徳判断における共起性は，たんなるモジュールでは説明できない．なぜなら，たとえモジュール一般がもつとされる，ドメイン特定性（特定の範囲の入力刺激だけを受け付けるという性質）や強制性（意識的なコントロールが効かず自動的に処理がおこなわれるという性質）にうったえたとしても，説明できるのは，特定タイプの入力刺激に反応して特定タイプのモジュールが起動することにとどまり，そのモジュールが何らかの評価や行動を出力すること，さらに，特定タイプの入力と特定タイプの出力とが高い確率で共起することは説明できないからである．たとえば，たんなるモジュールにうったえた場合，公正／欺瞞の道徳基盤が協力的で信用できる他者の態

度を入力として受け取ると決まって処理を開始することは説明できるだろう．しかし，この道徳基盤が，その人にたいするポジティブな評価や，その人との協力行動を出力することが多いという事実を説明するためにはさらなる資源が必要となる．ここで特定タイプの出来事に反応して特定タイプの評価や行動を返すと想定される基本情動モジュールが持ち出されることになる．

また，この説明においてBETをCTに置き換えることはできない．CTによれば，たとえば一般の人々が「嫌悪」と呼ぶカテゴリーは，外的知覚とコアアフェクトの組み合わせを概念に照らして分類した，雑多な実例のよせ集めであり，文脈に応じて多様な刺激（入力）によってひきおこされ，また多様な反応（出力）をともなう．このため，CTにもとづいて出来事と行動・評価の共起性を説明することもできない．

6.2 DMTは情動を使って何を説明しているのか

5.3節で確認したとおり，GrayらによるDMTにもとづく説明では，道徳判断のもつほとんどの特徴は，もっぱら危害のカテゴリー化プロセスの性質をとおして説明されていた．2.2節でもすでに述べたが，そのなかで例外的に，Grayらが情動をもちいて説明しているのは，一般的な規範の侵犯と道徳的な規範の侵犯の知覚の違いである．DMTによれば，たんなる規範の侵犯の知覚に，危害の知覚と強いネガティブな情動の感じとがともなって初めて道徳の侵犯の知覚が生じるという（Schein & Gray, 2018, p.36）．

Grayたち自身はこの説明のためにCTにもとづくコアアフェクトにうったえているが，代わりに基本情動を導入しても同様の説明は可能であり，DMTにもとづく道徳判断の説明は，BETおよびCTどちらの情動理論とも両立可能である．なぜなら，喜びや悲しみといったさまざまな基本情動も，それぞれの情動にともなう感じを基準としてポジティブな情動あるいはネガティブな情動のいずれかに分類することができ，基本情動のネガティブさにうったえて道徳判断にともなうネガティブな感じを説明することはできるからである[15]．

4節では一見すると2つの道徳理論は情動の本性をめぐって対立しているかのように見えた．しかし，このような見かけ上の対立が生じるのは，CameronらDMTの支持者が，BETを前提とするMFTを批判する際の道具として，別の情動理論であるCTをたまたま引き合いに出しているからにすぎない．本節で確認したように，Grayたちは自身らの支持するDMTのなかでは特定の情動理論を前提としておらず，2つの道徳理論のあいだの対立を前提とする情動理論の対立とみなすことはできない．

2つの道徳理論の根本的対立をまとめよう．両理論の対立は，道徳判断の説明における情動の役割の違いにある．具体的には，道徳判断の説明において，1）道徳判断の共起性を被説明項とみなすかどうか，2）基本情動カテゴリーの均質性という説明項にうったえるかどうか，という点にある．また，それにともなって両道徳理論がどれだけ真剣に情動理論に依拠しているのか，という情動理論にたいする依存の程度にも違いが生じている．すなわち，MFTにもとづく説明では，道徳内容とそれにたいする評価および行動の共起性を説明するために，BETの想定する基本情動が不可欠な仕方で用いられている．これにたいして，DMTにもとづく説明では，情動はたんに道徳判断にともなう主観的な感じを説明するという付随的な役割を負っているに過ぎず，DMTはBETあるいはCTいずれとも両立する．

7. 結論

　本稿では，MFTとDMTという2つの道徳理論の支持者のあいだで続いてきた，道徳内容とそれにともなう情動の関係にかんする論争の争点を明確化した．その結果として，MFTが道徳内容とそれにともなう情動とのあいだの多対一対応を認めていることを指摘した．また，MFTが実際に想定しているのは，特定のタイプの道徳内容と特定のタイプの情動とが高い確率で共起するという情動の均質性であることをしめした．

　つぎに，2つの道徳理論にもとづく道徳判断の説明を分析した結果，道徳判断を説明する際に情動の担う役割が大きく異なっていることを明らかにした．すなわち，MFTにもとづく説明では，道徳内容と評価・行動の共起性を説明するために，基本情動が不可欠な仕方で用いられているのにたいして，DMTにもとづく説明では，情動はたんに道徳判断にともなう主観的な感じを説明するという付随的な役割を負っているに過ぎず，DMTはBETあるいはCTいずれとも両立することがわかった．このような情動理論にたいする依存のしかたの非対称性を考えれば，2つの道徳理論のあいだの対立をそれらが前提とする情動理論の対立とみなすことはできない．

　また，このような情動の役割の違いをふまえると，将来，経験的証拠が蓄積された場合の2つの道徳理論の見通しにも違いがあると言えるだろう．証拠の蓄積の結果，仮にCTが反証されたとすると，DMTはBETに乗り換えて自らの道徳理論を維持することができる．しかし，BETが反証された場合，MFTはそのような安易な乗り換えはできず，理論の大幅な修正を迫られることになるだろう．

　素朴に考えれば，道徳判断が何らかの意味で直観的であり，その生成に情

動がかかわっていることは疑い得ないように思われる．しかし，本稿での検討の結果あきらかになったように，道徳心理学において有力とみなされている理論の提案者自身でさえ，道徳判断の直観性の特徴づけかたや，情動理論にたいする依拠のしかたについて自覚的ではない．現在のところほとんど交換可能なしかたで用いられている，情動・直観・モジュール・システム1といった心的プロセスの関係を明示しつつ，道徳判断にたいする素朴な捉え方をすくうことのできる，道徳判断生成プロセス全体の統一的なモデルの構築がもとめられる[16].

注

1. 本稿では，BETの支持者と同様に一般の人々が「情動」と呼ぶ心的プロセスを指すための包括的なカテゴリーとして「情動 (emotion)」を用いる．また，このあと説明するように，CTの支持者が情動の構成要素とみなす心的プロセスを「アフェクト (affect)」あるいは「コアアフェクト (core affect)」と呼ぶ．

2. 本稿で取りあげるHaidtらのほかに，Joshua Greeneらによる認知神経科学にもとづく研究などが情動への注目を後押ししてきた (Greene, 2013)．また，道徳判断における情動の役割に注目する哲学者も古来少なくないが (e.g., Hume, 2007; Nichols, 2004; Prinz, 2007)，本稿では近年の心理学実験をもちいた研究に的をしぼって議論をすすめる．

3. MFTが挙げる道徳内容／道徳基盤の数は論文によって異なっている．道徳判断の対象となる出来事のタイプ，およびそれに反応するモジュール群の候補として，Grahamらはこの他に自由／抑圧，平等／不当，誠実／虚偽などをあげている (Graham et al., 2018 , p.213).

4. システム1（直観）と情動の関係についてHaidtは不明瞭ながら以下のように考えているようである．直観は基本的には意識にのぼらない認知プロセスであり，出来事にたいするポジティブあるいはネガティブな評価をともなう．これにたいして情動は身体状態の変化と特定タイプの直観とを構成要素としてふくみ，情動に組み込まれたごく一部の直観だけが私たちの意識にのぼるという (Haidt, 2012, pp.88-93, p.590 注40)．また，Haidtは直観・熟慮という二重過程にもとづくきめの粗い説明と同時に，具体的な種々のモジュールにうったえるきめ細かな説明をおこなっているが，二重過程を使った説明は，多様なモジュール群にうったえる実質的な説明を詳細に描きこむまえのスケッチとして理解するのがよいと思われる．

5. 二重過程理論には，多くのバリエーションが存在するが，それらに共通するのは，「すばやく・並列的で・ヒューリスティックにもとづき・進化的に古く・自動的な」システム1と，「遅く・逐次的で・規則にもとづき・進化的に新しく・コントロールされている」システム2 (Mugg, 2015) という，2つの認

知プロセスが自然種であるという主張である．そして，この主張にたいして，上記のような性質は両方のシステムにまたがって存在しており，これらの性質によって2つのシステムを区別することはできない，という批判がある（e.g., Kruglanski & Gigerenzer, 2011; レビューとしては，Mugg, 2015などを参照）．

6. 認知心理学では一般にカテゴリー化は実例と認知テンプレート（プロトタイプ）との比較であると考えられてきた．認知テンプレートとはカテゴリーのメンバーのもつ典型的な特徴を組み合わせた心的表象であるとされる．たとえば，「鳥」カテゴリーのテンプレートには，「羽根」・「飛ぶ」・「くちばし」などの要素がふくまれており，このテンプレートと眼前の実例とが比較され，カテゴリーへの所属が判断される（Rosch, 1978）．カテゴリー化を，実例と典型例の心的表象との比較とみなす立場もあるが（Smith & Medin, 2002），Grayの理論はどちらの立場とも両立する．

7. GrayらはCTにならって，道徳判断にかかわる情動的要素を「コアアフェクト」（あるいは，「アフェクト」）と呼ぶ．コアアフェクトについては，3.2節で説明する．

8. DMTは，何らかの行為が「悪い」，「許容できない」といったネガティブな道徳判断の説明を優先しているようである．Grayらは「良い」，「称賛に値する」のようなポジティブな道徳判断を危害の代わりに援助（help）の知覚によって説明できると示唆している（Gray et al., 2012b, p.210）．

9. これら3つの対立の捉え方はいずれも，道徳判断にかかわる心理プロセスの構成あるいは存在論が，2つの道徳理論の争点の1つであるとみなしている．しかし，それぞれの捉え方は，それとは独立の争点が存在するという見解をふくんでおり，3つの捉え方は別個の捉え方とみなせる．紙幅の都合上，本稿ではこれら個別の対立の評価には深入りせず，両道徳理論の支持者が共有する，道徳理論の対立を情動理論の対立とみなす見解の検討に集中する．

10. CTでは，内受容感覚を「コアアフェクト」とよぶ．Barrettらによれば，私たちは常にコアアフェクトを経験しており，それにともなう主観的な感じは，快不快（valance）と，覚醒の強さ（arousal）という2つの次元からなる連続的な空間上の点として表現できる．この意味で，CTは情動の円環モデル（Russell, 1980）の現代版と言える．Barrettらはこのコアアフェクトを情動の科学における自然種とみなす（Barrett, 2006）．

11. 「dumbfound」とは事態に驚いて言葉を失うことであり，「道徳的に唖然とすること」（Haidt, 2012 [高橋, 2014]）といった訳も考えられるが，ここでは飯島（2016）の訳にしたがう．

12. 道徳的まごつきに関連してもっとも引用数の多い論文（Haidt et al., 2000）は査読付き雑誌に掲載されたものではないが，近年ではHaidtらの報告をもとに追試をこころみ，この現象がある程度再現することを報告する研究もある（McHugh et al., 2017）．また，道徳的まごつきには詳しく言及していないが，無害な悪事をふくむシナリオをもちいた実験結果について報告する査読論文（Haidt et al.,

1993) は存在している.

13. Haidtらは, 自身は進化心理学で想定されるゆるやかなモジュール概念 (e.g., Barrett & Kurzban, 2006) を採用していると述べているが, 実際にはフォーダー式のモジュールがもつとされる性質にうったえて説明をおこなっている.

14. GrayらDMTの陣営は道徳判断の理由の不透明性について説明をおこなっていないようである.

15. 実際, ScheinとGray (2018) はネガティブなアフェクトの例として「嫌悪」をあげている. 情動のポジティブさ／ネガティブさ (つまり感情価) が何であるのかをめぐっては論争があるが (Solomon, 2003; Prinz, 2010), ここでは情動にともなう快不快の感じと同一視する.

16. 2名の匿名査読者からの指摘と, 笠木雅史, 次田瞬, 戸田山和久各氏からの指導と助言は, 本稿の改善に大いに役立った. 本稿への寄与に感謝する.

文献表

Barrett, H. C., & Kurzban, R. (2006). Modularity in Cognition: Framing the Debate. *Psychological Review, 113* (3), 628-647.

Barrett, L. F. (2017). *How Emotions Are Made: the Secret Life of the Brain*. London: Macmillan. 邦訳：高橋洋訳. (2019). 『情動はこうしてつくられる：脳の隠れた働きと構成主義的情動理論』. 紀伊國屋書店.

Barrett, L. F. (2006). Are Emotions Natural Kinds? *Perspectives on Psychological Science, 1* (1), 28-58.

Cameron, C. D., Lindquist, K. A., & Gray, K. (2015). A Constructionist Review of Morality and Emotions. *Personality and Social Psychology Review, 19* (4), 371-394.

Ekman, P., & Cordaro, D. (2011). What is Meant by Calling Emotions Basic. *Emotion Review, 3* (4), 364-370.

Graham, J. (2015). Explaining Away Differences in Moral Judgment. *Social Psychological and Personality Science, 6* (8), 869-873.

Graham, J., Haidt, J., Koleva, S., Motyl, M., Iyer, R., Wojcik, S. P., & Ditto, P. H. (2013). Moral Foundations Theory: The Pragmatic Validity of Moral Pluralism. In *Advances in Experimental Social Psychology* (1st ed., Vol. 47, pp. 55-130). Elsevier.

Graham, J., Haidt, J., Motyl, M., Meindl, P., Iskiwitch, C., & Mooijman, M. (2018). Moral Foundations Theory: On the Advantages of Moral Pluralism Over Moral Monism. In K. Gray & J. Graham (Eds.), *Atlas of Moral Psychology* (pp. 211-222). Guilford Press.

Graham, J., Haidt, J., & Nosek, B. A. (2009). Liberals and Conservatives Rely on Different Sets of Moral Foundations. *Journal of Personality and Social Psychology,*

96(5), 1029-1046.

Gray, K., Schein, C., & Cameron, C. D. (2017). How to Think about Emotion and Morality: Circles, not Arrows. *Current Opinion in Psychology, 17*, 41-46.

Gray, K., Schein, C., & Ward, A. F. (2014). The Myth of Harmless Wrongs in Moral Cognition: Automatic Dyadic Completion from Sin to Suffering. *Journal of Experimental Psychology: General, 143*(4), 1600-1615.

Gray, K., Young, L., & Waytz, A. (2012a). Mind Perception Is the Essence of Morality. *Psychological Inquiry, 23*(2), 101-124.

Gray, K., Waytz, A., & Young, L. (2012b). The Moral Dyad: a Fundamental Template Unifying Moral Judgment. *Psychological Inquiry, 23*(2), 206-215.

Greene, J. D. (2013). *Moral Tribes: Emotion, Reason, and the Gap between Us and Them.* New York: The Penguin Press. 邦訳：竹田円訳.（2015）.『モラル・トライブズ：共存の道徳哲学へ』. 岩波書店.

Griffiths, P. E. (1997). What Emotions Really Are: the Problem of Psychological Categories. Chicago: University of Chicago Press.

Haidt, J. (2012). *The Righteous Mind: Why Good People are Divided by Politics and Religion.* Pantheon Books. 邦訳：高橋洋訳.（2014）.『社会はなぜ左と右にわかれるのか：対立を超えるための道徳心理学』. 紀伊國屋書店.

Haidt, J. (2001). The Emotional Dog and Its Rational Tail: a Social Intuitionist Approach to Moral Judgment. *Psychological Review, 108*(4), 814-834.

Haidt, J., Björklund, F., & Murphy, S. (2000). Moral Dumbfounding: When Intuition Finds No Reason. Unpublished manuscript, University of Virginia, Charlottesville.

Haidt, J., Graham, J., & Ditto, P. H. (2015). Volkswagen of Moral Psychology. *SPSP Blog.* Retrieved November 17, 2023, from https://spsp.org/news-center/character-context-blog/volkswagen-moral-psychology

Haidt, J., & Joseph, C. (2008). The Moral Mind: How Five Sets of Innate Intuitions Guide the Development of Many Culture-Specific Virtues, and Perhaps Even Modules. In P. Carruthers, S. Laurence, & S. Stich (Eds.), *The Innate Mind, Volume 3* (pp. 367-392). Oxford University Press.

Haidt, J., & Joseph, C. (2011). How Moral Foundations Theory Succeeded in Building on Sand: A Response to Suhler and Churchland. *Journal of Cognitive Neuroscience, 23*(9), 2117-2122.

Haidt, J., Koller, S. H., & Dias, M. G. (1993). Affect, Culture, and Morality, or Is It Wrong to Eat Your Dog? *Journal of Personality and Social Psychology, 65*, 613-628.

Hume, D. (2007). *A Treatise of Human Nature: a Critical Edition.* (D. F. Norton & M. J. Norton, Eds.). Clarendon Press. 邦訳：木曾好能・伊勢俊彦・石川徹・中釜浩一訳.（2019）.『人間本性論（普及版）』. 法政大学出版局.

Kahneman, D. (2011). *Thinking, Fast and Slow*. Farrar, Straus and Giroux. 邦訳：村井章子・友野典男訳．(2014).『ファスト＆スロー：あなたの意思はどのように決まるか?』. ハヤカワ文庫.

Kohlberg, L. (1969). Stage and Sequence: the Cognitive-developmental Approach to Socialization. In D. A. Goslin (Ed.), *Handbook of Socialization: Theory and Research* (pp. 347-480). Chicago: Rand McNally.

Kruglanski, A. W., & Gigerenzer, G. (2011). Intuitive and Deliberate Judgments Are Based on Common Principles. *Psychological Review*, *118*(1), 97-109.

Lindquist, K. A. (2013). Emotions Emerge from More Basic Psychological Ingredients: a Modern Psychological Constructionist Model. *Emotion Review*, *5*(4), 356-368.

Lindquist, K. A., Wager, T. D., Kober, H., Bliss-Moreau, E., & Barrett, L. F. (2012). The Brain Basis of Emotion: a Meta-analytic Review. *Behavioral and Brain Sciences*, *35*(03), 121-143.

McHugh, C., McGann, M., Igou, E. R., & Kinsella, E. L. (2017). Searching for Moral Dumbfounding: Identifying Measurable Indicators of Moral Dumbfounding. *Collabra: Psychology*, *3*(1), 23.

Mugg, J. (2015). The Dual-process Turn: How Recent Defenses of Dual-process Theories of Reasoning Fail. *Philosophical Psychology*, *29*(2), 1-10.

Nichols, S. (2004). *Sentimental Rules: on the Natural Foundations of Moral Judgment*. Oxford University Press.

Nichols, S. (2002). Norms with Feeling: towards a Psychological Account of Moral Judgment. *Cognition*, *84*(2), 221-236.

Prinz, J. J. (2010). For Valence. *Emotion Review*, *2*(1), 5-13.

Prinz, J. J. (2007). *The Emotional Construction of Morals*. Oxford University Press.

Rosch, E. (1978). Principles of Categorization. In E. Rosch & B. B. Lloyd (Eds.), *Cognition and Categorization* (pp. 27-48). L. Erlbaum Associates.

Royzman, E., Kim, K., & Leeman, R. F. (2015). The Curious Tale of Julie and Mark: unraveling the Moral Dumbfounding Effect. *Judgment and Decision Making*, *10*, 296-313.

Russell, J. A. (1980). A Circumplex Model of Affect. *Journal of Personality and Social Psychology*, *39*, 1161-1178.

Scarantino, A. (2015). Basic Emotions, Psychological Construction and the Problem of Variability. In L. F. Barrett &; J. A. Russell (Eds.), *The Psychological Construction of Emotion* (pp. 334-376). The Guilford Press.

Schein, C., & Gray, K. (2015a). Making Sense of Moral Disagreement: Liberals, Conservatives and the Harm-Based Template they Share. *SPSP Blog*. Retrieved November 17, 2023, from https://spsp.org/news-center/character-context-blog/making-sense-moral-disagreement-liberals-conservatives-and-harm

Schein, C., & Gray, K. (2015b). The Unifying Moral Dyad: Liberals and Conservatives Share the Same Harm-Based Moral Template. *Personality and Social Psychology Bulletin*, *41*(8), 1147-1163.

Schein, C., & Gray, K. (2018). The Theory of Dyadic Morality: Reinventing Moral Judgment by Redefining Harm. *Personality and Social Psychology Review*, *22*(1), 32-70.

Smith, E. E., & Medin, D. L. (2002). The Exemplar View. In D. Levitin (Ed.), *Foundations of Cognitive Psychology: Core Readings* (pp. 277-292). MIT Press.

Solomon, R. C. (2003). Against Valence ("Positive" and "Negative" Emotions) (2001). In *Not Passion's Slave* (pp. 162-177). Oxford University Press.

Sperber, D. (2005). Modularity and Relevance: How Can a Massively Modular Mind Be Flexible and Context-Sensitive? In P. Carruthers, S. Laurence, & S. Stich (Eds.), *The Innate Mind, Volume 1* (pp. 53-68). Oxford University Press.

Turiel, E. (1983). *The Development of Social Knowledge: Morality and Convention*. Cambridge University Press.

Valdesolo, P. (2018). Getting Emotions Right in Moral Psychology. In K. Gray & J. Graham (Eds.), *Atlas of Moral Psychology* (pp. 88-95). Guilford Press.

飯島和樹. (2016). 「生まれいづるモラル──道徳の生得的基盤をめぐって」. 太田紘史編, 『モラル・サイコロジー：心と行動から探る倫理学』(pp. 119-184) 所収. 春秋社.

(名古屋大学)

自由応募論文

ウィトゲンシュタインの像概念について
―近年の日本語文献の検討―

大谷　弘

Abstract

Several studies on later Wittgenstein's notion of picture have recently emerged in Japanese literature. Here, I critically examine three of them: Ohtani (2020), Furuta (2020), and Noya (2022). My contentions are twofold. First, the disagreement between these studies lies in the fact that Noya supposes a common core shared by *Tractatus's* notion of picture and that of *Philosophical Investigations*, while Ohtani and Furuta deny this core. Second, Furuta and Noya fail to provide a conception of picture that contributes to the understanding of Wittgenstein's text, while Ohtani alone proposes an illuminating notion.

1. イントロダクション

　前後期を通じてウィトゲンシュタインは哲学とはいかなる活動なのかということについて独自の考えを持っていた．例えば，後期ウィトゲンシュタインに見られるテーゼの拒絶 (PI 128)，治療 (PI 254-255) や明確化 (PI 133) としての哲学の性格づけ，そして論文的なスタイルの拒否 (PI pp. 3-4) といったその特徴は，主流の分析哲学のメタ哲学―いまではこれ自体が多様化しているが―とは，一線を画すものとなっている．

　他方で，ウィトゲンシュタインのメタ哲学が正確に言ってどのようなものなのか，という点については，研究者の間でも共通了解があるわけではない．そのため，ウィトゲンシュタインが主流の分析哲学のメタ哲学に対してどのようなオルタナティブを提示しているのか，ということは必ずしも明らかではない．

　そのような中，近年，後期ウィトゲンシュタインのメタ哲学を「像 (Bild/

2022 年 10 月 17 日投稿，2023 年 2 月 16 日再投稿，2023 年 7 月 28 日再々投稿，
2023 年 9 月 19 日審査終了

picture)」という概念により把握しようとする複数の研究が提示されている．これらの研究は後期ウィトゲンシュタインの方法論を「文法の記述」として特徴づける従来の標準的解釈とは異なる方向でそれを特徴づけようとする試みであり，解釈上の一つの潮流となっている[1]．英語文献においてはBaker (2001) を先駆として，2000年代中ごろ以降この潮流は形を成してきている（Egan 2011, Fischer 2006, Floyd 2005, Kuusela 2008, Ohtani 2016, 2018, 2021）．これに対して，日本語文献ではこの二,三年の間に関連する考察が収められた書籍が複数出版され，議論が開始されたところである（大谷 2020, 古田 2020, 野矢 2022）．

　この論文では，この近年の日本語文献における像概念をめぐる議論を批判的に検討し，そこでの洞察や対立点を示すとともに，各解釈の妥当性を明らかにする．この論文で取り上げるのは大谷 (2020)，古田 (2020)，野矢 (2022) の三つの研究である．これらは近年の日本のウィトゲンシュタイン研究の重要な成果として言及されており（谷田 2023），また像について一定の分量の考察を行っている．従って，この三つの研究を吟味することで，日本のウィトゲンシュタイン研究の一つの側面を確認することができる．

　ここでの主張は以下の通りである．すなわち，この論文で扱う三つの研究の対立点は，野矢が『論理哲学論考』（以下『論考』）の像概念と『哲学探究』（以下『探究』）の像概念に共通の重要なコアが存在すると考えるのに対し，大谷－古田はそのように考えないという点に存する．そして，古田と野矢はテキスト読解に貢献する像概念を提示することに失敗している一方で，大谷は一定の意義のある解釈を提示している．以下，二節において野矢が自身の解釈と大谷－古田の解釈を分けるポイントとする『探究』140節が，そのような対立点を与えるものではないと論じる．三節では対立点は『論考』の像概念と『探究』の像概念の間に重要な共通のコアがあると考えるかどうかに存するということを示し，そのうえで大谷の解釈を擁護する．続く四節では野矢の解釈を検討し，それがテキスト解釈に貢献する像概念を提示できていないと論じる．そして五節では古田の解釈を検討し，それが興味深い洞察を含みつつも，最終的にはウィトゲンシュタインのテキストによって支持されないということを明らかにする．

2. 『論考』における像と『探究』における像

　後期ウィトゲンシュタイン哲学が「像」という概念を用いて解釈されるとき，「像」はウィトゲンシュタインの哲学的方法を特徴づけるメタ哲学的概念として使用される．後期ウィトゲンシュタインによると，我々は哲学をす

る際に像に囚われ，知的混乱に陥ってしまう．そのため，そこからの解放が
ウィトゲンシュタイン哲学の主要な目的となる．このように論じられる．こ
の点についてはこの論文で扱う三つの研究も同様であり，いずれも明示的に
像をメタ哲学的概念として特徴づけている（大谷 2020, pp. 64-65, 古田 2020,
pp. 155-160，野矢 2022, pp. 226-228）．

　ただ，「ウィトゲンシュタイン哲学は我々をとらえる像からの解放を目的
としている」と言うだけでは，得られることは多くない．確かに，そのよう
に言うことはウィトゲンシュタインのメタ哲学の一つの側面を強調すること
にはなるかもしれない．しかし，像についての議論が，ウィトゲンシュタイ
ンのメタ哲学への単なるリップサービスを超えた実質的な解釈上の貢献とな
るためには，「像」に言及することでウィトゲンシュタインのテキストやそ
こで用いられている哲学的方法がよりよく理解されねばならないだろう．

　以上の点を確認したところで，三つの研究の対立点を探ることにしよう．
一つの対立点は，大谷と古田が後期哲学を「像」という用語で特徴づける際
に，それを『論考』の像概念とは別ものであると言うのに対して，野矢はそ
のように言わない，という点にある．これはどのような対立点だろうか．少
し丁寧に検討してみよう．

　『論考』における「像」は思考や言語と現実の関係を特徴づける概念であ
り，思考や命題は事態の像として現実を描写するとされている（TLP 3.001,
4.01）．大谷 (2020) や古田 (2020) において，後期哲学を特徴づける「像」が
『論考』の「像」と区別されるポイントは必ずしも明示的ではないが，実際
の議論から三点ほど論点を取り出すことができる[2]．

　第一に，『論考』の像概念が持つ，事態の描写，現実を記述するもの，と
いう意味合いは後期の「像」には込められていない．それは，我々をとらえ
る「物の見方」であり，現実に直接対応づけられるわけではない（大谷 2020,
p. 59, 古田 2020, p. 132）．関連して第二に，像は「物の見方」であるため，
命題とは区別される．すなわち，大谷と古田においては，像は不明瞭で大雑
把な仕方で我々を導くものであり，確定した真理条件，従って，命題的内容
を欠くものとされている（大谷 2020, p. 60, 古田 2020, pp. 135-136）．そし
て第三に，すでに見たように，大谷 (2020) と古田 (2020) においては後期に
登場する「像」はメタ哲学的概念であるのに対して，『論考』の像は命題や
思考の働きを説明するより一般的な概念である．

　野矢もまたこの三つのポイントを受け入れているように思われる．後に見
るように，野矢は『探究』の像概念には事実の描写という意味合いがないと
いうことを認めており，またその際，像を命題的なものとして捉えてはいな

い．さらに野矢もまた像概念にメタ哲学的位置づけを与えている．

しかし，それでも野矢は明示的に大谷（2020）と古田（2020）を批判して（野矢 2022, p. 334, note 77），『論考』の像概念と『探究』の像概念が別ものではないと論じる．野矢によると，「両者を別ものと捉える解釈は間違っている（野矢 2022, p. 211)」のである．

野矢が大谷と古田を批判する一つのポイントは，それらが『探究』140節を説明できない，というものである．野矢は「命題についての像理論から使用説へ」という仕方で前後期ウィトゲンシュタインの転換を特徴づけることを批判し，前後期に「意味の基盤を使用に見定める」観点が共通しているとする（野矢 2022, pp. 212-213)．そのうえで，次の『探究』140節を引き，『論考』の誤りは使用を無視したことではなく，言葉を像として捉えることで使用もまた捉えられると考えた点にあると論じる（野矢 2022, p. 213)．

> では，私が犯した誤りはどのような種類のものだったのか．その誤りは次のように表現できるだろう．すなわち，「私は像（Bild）がある特定の使用を私に強いていると考えてしまったのだ」と．（PI 140）

そして，この『探究』140節についての注で，野矢はこの箇所が『論考』の像概念と『探究』の像概念の共通性を示すと論じる．

> 『論理哲学論考』の像概念と『哲学探究』の像概念が別ものだと解釈する人たちには，この第一四〇節をどう見るかと尋ねたい．ここで「私が犯した誤り」とは『論理哲学論考』における誤りのことである．そしてこの節の置かれた文脈からして，ここでは『哲学探究』の意味での「像」が問題になっている．このことは，『論理哲学論考』と『哲学探究』の像概念が別ものではないことを示唆しているだろう．（野矢 2022, p. 334, note 78）

この野矢の議論は一見したところは奇妙に思われる．『探究』140節は138節から始まる「理解」についての議論の中にある．そして，この箇所での「像」は立方体の心的イメージのことであり，ウィトゲンシュタインは文に付随する心的イメージがそれ自体では特定の使用を強制しない，と論じている（PI 139-140)．従って，『探究』140節は，「心理主義」的な意味論へのウィトゲンシュタインの批判の一部を構成するものである．そして，この「心理主義」は野矢自身も認める通り，『論考』の立場ではない（野矢 2006, pp.

212-217, cf. Goldfarb 2011, 大谷 2022, pp.94-99). 従って，『探究』140 節の「私が犯した誤り」は『論考』での誤りではなく，『探究』138-139 節にあるような形で文に付随する心的イメージが理解を構成すると考える心理主義的意味論の誤りを指していると考えるのが自然だとも思われるのである[3]. このため，140 節を引くことで，『論考』と『探究』の像概念の共通性を支持することはできないと思われるのである.

　野矢自身は 140 節の「私が犯した誤り」が『論考』の誤りを指すと考える根拠を明示していないので話はここで終わりと思われるかもしれない[4]. しかし，ここはもう少し掘り下げることで，野矢の洞察を取り出すことができる.

　140 節について，指摘されるべき点は二点ある. 第一は，『探究』138 節から始まる「理解」についての議論は，134-137 節における命題の一般形式，そしてその基礎にある真理概念という『論考』の言語論への批判に続いている，という点である. そこでは言語使用から独立に把握された真理概念により命題の概念が一般的に決定されるという描像が批判されている（PI 136）.

　第二は，140 節に続く 141 節で心的イメージの適用方法に対する二つの基準の存在について議論するとき，ウィトゲンシュタインは括弧に入れて以下のように付け加えるという点である.

> （そしてここでは，この像が想像の中で思い浮かべられたものであり，絵（Zeichnung）やモデル（Modell）として実際に目の前にあるのではない，あるいは，自分自身がモデルとして構成したものではない，などということは，まったく非本質的ではないだろうか.）(PI 141)

この箇所では「モデル」という語が用いられているが，これは『論考』で命題の像としてのあり方を特徴づけるために使われた語である（TLP 4.01）. すなわち，『論考』の「像」は「モデル」と言い換えることができる用語なのである.

　『探究』140 節における「私が犯した誤り」が『論考』の誤りを指すかどうかについて決定的なことは言えないとしても，以上の二点を踏まえるとそこでの心的イメージについての議論が『論考』の像概念をもそのターゲットに含んでいるということは言える. 140 節でウィトゲンシュタインは，心的イメージが実践から切り離されては使用を決定しないのと同様に，『論考』の「像」や「モデル」といった観念も特定の実践の詳細に目を向けずに一般的に把握されると考える限りで使用を決定しない，と考えているのである.

そして，テキスト的根拠について明確ではなかったものの，この点を示唆した点に野矢の洞察は存する．

しかし，大谷－古田と野矢の対立点を明らかにするという目下のポイントに関して言うと，以上の野矢の洞察からは『探究』140節がその対立点に関わるということは帰結しない．というのも，先の140節に対する解釈が示すのは，『探究』の「理解」についての議論が『論考』の像概念にも適用されるということであるが，そのことを否定する理由は大谷－古田にも特にないからである．ウィトゲンシュタインの議論は心的イメージとしての「像」が実践独立に使用を決定しないのと同様に，『論考』の像も使用を決定しないというものであり，それだけであれば「大谷－古田が見落としている重要なつながりが『論考』と『探究』の間に存在する」というような話ではないのである．

従って，野矢の議論に反して『探究』140節を根拠に大谷－古田と野矢の解釈の対立点を指し示すことはできない．『論考』と『探究』の像が別ものではないと言うことでそこに対立点を見出すためには，野矢は『論考』と『探究』の像概念に大谷－古田が見落としている重要な共通のコアがあると言う必要があるのである．

3. 『探究』の像概念？―大谷解釈の擁護

前節で見たように，大谷と古田は後期ウィトゲンシュタイン哲学を「像」により特徴づける際にそれを『論考』の像概念とは区別するのに対し，野矢は『論考』と『探究』の像概念は別ものではないと言う．この対立が真正のものだとすると，そのポイントは，両者の像概念に重要な共通のコアがあるかどうかをめぐるものとなる．

ここで「重要な共通のコア」とは，それを指摘することで『論考』と『探究』の像に関する議論がよりよく理解されることになるような共通点のことである．従って，例えばどちらも「Bild」という語を用いていると指摘するだけでは，『論考』と『探究』の重要な共通のコアを指摘したことにはならない．テキスト読解に貢献するような共通点を『論考』と『探究』の像概念に見出すことができるかどうかが対立のポイントになるのである．

このように考えたとき，大谷－古田と野矢の対立は三つのステップに分けて検討することができる．すなわち，「①「『論考』の像概念」が存在する」と考えるかどうか，「②「『探究』の像概念」が存在する」と考えるかどうか，「③両者に重要な共通のコアが存在する」と考えるかどうか，という三点を検討することで，問題の三つの研究の対立点を探ることができるのである．

①については共通了解があり，大谷，古田，野矢はみな『論考』に像概念が存在すると考えている．解釈の細部は異なるとしても，「像」は写像理論という『論考』の言語論を支える概念として把握されている（大谷 2022, pp. 87-94, 古田 2019, 野矢 2006, pp. 41-46).

ここで大谷 (2020) に目を向けると，それは明示的に②を否定している．大谷は自身の用いる用語法がウィトゲンシュタインのそれと必ずしも一致しないと認めたうえで，次のように言う．

> しかし，本書はウィトゲンシュタインの用語法を記録することではなく，ウィトゲンシュタインの思考をよりよく理解することを目指しており，ウィトゲンシュタイン自身が用語化していない区別を導入することも正当化されうる．（大谷 2020, p. 65, note 17)

大谷は『探究』における「像」という語の使用（の少なくとも大半）をカバーする像概念を与えることを意図しておらず，またそもそもそのようなものが存在するとも考えていない．この意味で，大谷は「『探究』の像概念」の存在にコミットしていない．大谷が行うのは『探究』のアウグスティヌス的言語像についての議論 (PI 1ff) から解釈上の概念として「像」という概念を構成し，それを使って『探究』の様々な議論を読み解いていく，ということである．それはテキストにまったく基礎を持たないというわけではなく，特に『探究』1-2節からその像概念は構成されている（大谷 2020, pp. 57-65).しかし，それにより『探究』の「像」という語の用法が統一的に説明されるとは考えられていないのである．

大谷の「像」の取り扱いをより詳しく見ておこう（大谷 2020, pp. 57-61).その特徴は「像」と「モデル」を区別する点にある．大谷は以下の『探究』1節を引く．

> これらの言葉の中に人間の言語の本質についての特定の像 (Bild) が与えられていると私には思われる．すなわち，「言語における語は対象を名指す．—文とはそのような名前の結合である」という像である．—この言語についての像の中に我々は「すべての語は意味を持つ．意味は語に割り当てられている．意味とは語が表す対象である」という考え (Idee) の根を見出す．
> 語の種類の区別についてアウグスティヌスは語らない．私が思うに，言語の習得をアウグスティヌスのように記述する人は，まず第一に

「机」「椅子」「パン」や人名のような名詞について考え，次にある種の行為や性質の名前について考え，そして残りの種類の語については，まあ何とかなると考えているのである．（PI 1）

これはいわゆる「アウグスティヌス的言語像」が提示されている箇所である．『探究』はアウグスティヌスの言語習得についての記述の引用に続いてこの箇所を置いている．大谷はこの引用文中の「像」と「考え」の区別に注目し，「像」は「考え」と異なり洗練度の低いラフな物事の捉え方だとする．大谷によると，アウグスティヌス的言語像とは「言語における語は対象を名指す．一文とはそのような名前の結合である」という言語の本質についてのラフな捉え方である．像のラフさはその不明瞭さの産物である．我々は「言語における語は対象を名指す．一文とはそのような名前の結合である」と不明瞭な物の見方，像，を持つ．この像はとりわけ「名前」の観念が不明瞭であるために，不明瞭なものとなっている．ところが，我々はそれに対して「机」「椅子」「パン」，あるいは「花子」「太郎」のような典型的な「名前」を使用する状況を結びつけてしまう．このような像を解釈するための状況を大谷は「モデル」と呼ぶ．大谷によると，哲学する際に我々は知らず知らずのうちに像と典型的なモデルのペアを哲学的思考を規定する絶対的な枠組みとしてしまうという点にウィトゲンシュタインは哲学的問題の「根」を見ているのである．

　大谷（2020）から引用しておこう．

　　我々は不明瞭に「言語における語は対象を名指す．一文とはそのような名前の結合である」と考え，その際，知らず知らずのうちに特定のモデルをその像に結びつけてしまう．そして，この像とモデルのペアを，物事を把握するための絶対的枠組みとして，そのモデルの（疑似）論理に従って，名前は何らかの意味で指差せる対象を表すとしてしまう．すると，そこから様々な哲学的問題が生じてくるように思われるのである．（大谷 2020, p. 64）

このような像とモデルのペアへの「こだわり（大谷 2020, p. 64）」に哲学的問題の根があるとウィトゲンシュタインは考えている．このように大谷は論じる．そしてそのうえで，ウィトゲンシュタインの哲学はそのような像の明確化として特徴づけられる．例えば，『探究』2節の大工の言語ゲームも像を明確化するためのモデルの一つである．そこでウィトゲンシュタインはア

ウグスティヌス的言語像に「合致する」言語として「石板」などの四つの語からなる言語を考える．そして，アウグスティヌス的言語像とその大工の言語ゲームが言語の本質を与えるようなものとはならないことに読者が気づくよう促している．ウィトゲンシュタインは我々をとらえる像に対して，それを明確化する様々なモデルを提示することで，特定の像とモデルのペアから我々を解放し，言語やその他の現象の詳細をよく見るよう促すことを目指している．このように大谷は考えるのである（大谷 2020, pp. 68-74）．

このようにまとめたときに明らかなように，大谷（2020）において，「像」という概念は解釈上の概念である．ウィトゲンシュタイン自身は「像／モデル」という区別を明示的に用いているわけではなく[5]，大谷はアウグスティヌス的言語像についての『探究』の議論から取り出されたその区別によりウィトゲンシュタインの哲学的方法を理解することを目指しているのである．

このような大谷の像解釈は妥当なのだろうか．この点を考えるにあたってまず指摘されるべきは，『探究』の「像」という用語法をカバーする「『探究』の像概念」が存在するとは前提できない，という点である．ドイツ語の "Bild" は，英語の "picture" と同様に，「絵」という意味だけでなく，「物の見方」「イメージ」という意味を持つ．それは専門的な響きを持つ語ではなく，日常的に「物の見方」という意味で使用される語である[6]．この点で「像」は「言語ゲーム」のような語とは異なる．実際，ウィトゲンシュタイン自身も「言語ゲーム」に対しては特定の用語として説明を与えているのに対して（PI 7），「像」についてはそのような説明を与えていない．もちろん，「像」が用語化されていないということは，ウィトゲンシュタインがそれを一定の意味合いで使用していないということを帰結するわけではない．しかし，「像」についての研究がまずウィトゲンシュタインの用語法を記録し，その共通点を示すというアプローチで行われねばならない，とは前提できないのである．

先に見たように，大谷はそのようなアプローチではなく，像とモデルという解釈上の区別を導入することで，『探究』の議論を読み解くというアプローチを採用している．このため，大谷の像解釈は，『探究』の「像」という語の出現に縛られるものではない．ただ，その解釈はまったくテキスト上の根拠を持たないわけではなく，これも先に見たように，『探究』1節以下の議論からその区別を取り出し，それを用いてウィトゲンシュタインの哲学的方法を特徴づける．ここではこの解釈が成功していると考えられる理由を二点示しておく．

第一は，『探究』1節以下で用いられている方法は，ウィトゲンシュタイ

ン自身も一つの方法として意識している，という点である．例えば，『探究』46節でウィトゲンシュタインは「名前」とそれが表す「原要素 (Urelemente)」についての『テアイテトス』の議論を引く．そして，その後の48節で「『テアイテトス』の描写に 2 節の方法を適用してみよう (PI 48)」と言い，『テアイテトス』の言葉が当てはまる単純な言語ゲームとして九つの正方形の色を記号により記述するという言語ゲームを考える．アウグスティヌス的言語像に対して大工の言語ゲームをモデルとして考える『探究』冒頭の方法をウィトゲンシュタインはこの箇所で意識的に適用しているのである．従って，大谷は「像」の『探究』における用語法を記録しているわけではないが，ウィトゲンシュタインが意識的に用いている一つの方法を明示的に取り出すことに成功していると考えることができる．

　大谷の解釈が成功していると考えられる第二の点は，大谷が実際にその像とモデルという区別により『探究』の主要な議論を読み解いているという点にある．大谷はアウグスティヌス的言語像だけでなく，規則の問題（大谷 2020, chap. 3)，私的言語論（大谷 2020, chap. 4)，「心的プロセス」についての議論（大谷 2020, pp. 172-175) などの『探究』の議論を「像とモデル」という用語により整理し，その議論を解明している．もちろん，その最終的な成否は大谷 (2020) 全体と『探究』のテキストをつき合わせつつ結論づけるしかない．しかし，「像とモデル」の区別を本質的に用いることによって大谷の議論はウィトゲンシュタインのメタ哲学に注意を払いつつ，『探究』のテキストを読み解く試みとなっているということは言える．この点で，大谷の像解釈は，「像」への言及，従ってウィトゲンシュタインのメタ哲学への言及を単なるリップサービスに終わらせず，実際にテキスト解釈に適用することに成功しているのである．

4. 野矢の解釈とその問題点

　大谷－古田と野矢の対立点という論点に戻ろう．いま見たように大谷は明示的に②を否定しており，従って③も否定する．大谷にとって像とは解釈上の概念であり，「『探究』の像概念」が存在すると考える必然性はない．そのため，『論考』の像概念と『探究』の像概念の共通性を問題にすることもできないのである[7]．

　これに対して野矢は②と③の両者にコミットしている．

　　では，「像」とは何だろうか．『論理哲学論考』の像概念には事実を写しとったものという意味合いがあり，それは確かに『探究』の像概念に

は見られない特徴である．しかし，両者はけっして別ものではない．
「像」と訳されているドイツ語は "Bild"（英訳は "picture"）であるが，つ
まるところそれは「絵」である．『論理哲学論考』の "Bild" も『哲学探
究』の "Bild" も「絵」を意味している．（野矢 2022, p. 216）

　野矢の解釈では，「像」とは「絵」である．この「絵」という意味合いが
『論考』の像概念と『探究』の像概念に共通の重要なコアだとされているの
である．野矢によると，『論考』は絵を肖像画（写実）に限定して考えてい
るが，『探究』では風俗画のような絵も視野に入っており，そのため『論考』
の像概念にあった事実の描写という意味合いは『探究』の像概念にはない
（野矢 2022, pp. 216-217）．しかし，そうだとしても「像」により「絵」が
考えられている点で両者は共通しているのである．

　この野矢の主張は②にコミットしている．野矢が言うのは単に『探究』で
『論考』を批判する際に「像」という語が「絵」という意味合いで使用され
るということではない．それだけであれば，先の二節で見たように大谷－古
田もそのことを否定する理由を持たない．野矢は『探究』の像とは絵のこと
だと論じることにより，『論考』の写像理論とは直接関係しない議論におい
ても，『探究』では「像」という語が一つの用語として統一的に用いられて
いると考えているのである[8]．

　そして野矢はまた③にもコミットしている．野矢によると，『論考』の像
概念と『探究』の像概念とには重要な共通のコアがあり，それは「絵」とい
うあり方である．様々な違い，とりわけ事実の描写という意味合いを備えて
いるかどうかという違いにもかかわらず，両者は「絵」を意味するという点
で重要な仕方でリンクしているとされるのである．

　この野矢の解釈はどれほど妥当だろうか．この点を吟味するためにまず確
認すべきは，野矢は「絵」を文字通りの「絵」－紙などに描かれたり印刷さ
れたりしているような「絵」－よりも広げて把握しているという点である．
いま議論のために，『探究』139-141節で論じられている立方体の心的イ
メージのような「像」も文字通りの「絵」の一種と認めるとしよう．このこ
とを認めたとしても，『探究』の多くの箇所で「像（Bild）」は文字通りの
「絵」のことを意味していない．例えば先に見たアウグスティヌス的言語像
は「言語における語は対象を名指す．一文とはそのような名前の結合であ
る」という像であるが，これは言語的に表現された「物の見方」であり，文
字通りの意味での「絵」ではありえない．他にも『探究』の多くの箇所で
「像（Bild）」は「物の見方」のような意味合いで用いられており，『探究』の

像概念を文字通りの意味での「絵」だと解釈することは不可能である[9]．このため野矢も「絵」を文字通りの意味での「絵」に限定せず拡張して把握する．

その際に，野矢が手掛かりにするのは，『探究』140節の直前の以下の箇所である．

> 私はある一枚の絵（Bild）を見ている．その絵には杖をつき急斜面を上っている老人が描写されている．―だが，そのような描写はいかにして成立しているのか．老人がその姿勢で道を滑り落ちているのだとしても，やはり同じように見えるのではないだろうか．火星人はひょっとしたらその絵を道を滑り落ちていると記述するかもしれない．なぜ我々はそのように記述しないのかを説明する必要はない．（PI 139）

野矢はこの箇所を「静止画像／動画」という言葉で説明する．坂道で杖をつき上を見上げる老人の静止画像（絵）は，我々には坂道を上っていく動画の一場面として自然に理解されるが，火星人にはそのようには把握されないかもしれない．我々がその静止画を坂道を上る老人の動画の一場面として理解するためには，我々が習得し受け継いできた実践，生活が背景として必要である．野矢はこのようにウィトゲンシュタインの議論を説明する（野矢 2022, pp. 213-215, 219）．

そして野矢は老人の絵についてのこの議論を手掛かりに，『探究』の様々な箇所が「像（絵）」をめぐる議論として理解できると論じる．例えば，規則の問題について野矢は次のように言う．

> ウィトゲンシュタインは規則の表現を「像」と呼ぶことはしていない．しかし私としては，規則の表現は「像」と呼ばれてよいように思われる．「0から始めて2ずつ足していく」という規則の表現は静止画像に相当し，「像」と言ってよい．先の例で言うならば，老人の絵にあたる．そして実際に数列を展開していくことは動画に相当する．（中略）老人の絵を見てわれわれはふつう坂道を上る動画へと促されるが，同様に，「0から始めて2ずつ足していく」という規則の表現に対してわれわれはふつう「0, 2, 4, 6, 8,…」という数列の展開（動画）へと促されるだろう．だが，火星人は必ずしもそうではないかもしれない．火星人であれば，「1000に2を足せ」と言われて（日本語が通じるとして）「1004」と答えるかもしれない．「0から始めて2ずつ足していく」という像が

「0, 2, 4, 6, 8,…」という数列の展開を促すのは，けっして論理的・必然的なものではない．われわれがこのような本性と第二の本性に基づいた生活形式をもつことに依存した促しである．そしてわれわれがこのような生活形式をもっていることは，もはや説明する必要はないし，説明することもできない．（野矢 2022, pp. 215-216）

野矢は「0から始めて2ずつ足していく」のような規則の表現も「像（絵）」であると主張する．そしてこのとき，明らかに野矢は「像」を文字通りの「絵」に限定していない．「0から始めて2ずつ足していく」は言語表現であり，とりわけ音声により発話された場合には文字通りの意味での「絵」ではありえない．野矢の「絵」は「使用を示唆するように見える何か」といった観念であり，そのような「何か」は実践独立に使用を導きはしないということがウィトゲンシュタインの論点だとされているのである．

　このように野矢の「絵」という観念は拡張された仕方で把握されている．このとき，『論考』の像概念と『探究』の像概念を「絵」によりリンクさせる野矢の解釈には三点の問題を指摘することができる．

　第一は，野矢においても「像」は結局のところ解釈上の概念となっているという点である．ウィトゲンシュタインは使用を示唆するように見えるものを常に「像」と呼ぶわけではない．色見本（PI 8, 16）や規則を表す言語表現（PI 198-199）などもそのような使用を示唆するように見えるものとして，『探究』で議論されているが，野矢自身も認める通りそれらは「像」とは呼ばれていない．しかし，それでも野矢はそれらを「像」と呼び，「絵」だとするのである（野矢 2022, p. 215, pp. 217-218）．

　もちろん，「像」を解釈上の概念として用いること自体に問題があるわけではない．実際，大谷（2020）は明示的にその立場を採っており，前節ではその解釈を擁護した．しかし，野矢は大谷と違い，「『探究』の像概念」にコミットしたうえでそれが『論考』の像概念と共通の重要なコアを持つと主張している以上，この点は野矢の解釈にとっては問題含みとなるであろう．

　第二に解釈上の実質的な洞察が得られていないという点がある．使用を示唆するように見えるものを「像」あるいは「絵」と呼ぶことで，『論考』や『探究』について何か新たな知見が得られるわけではない．老人の絵のような使用を示唆するように見えるものも実践の中に位置づかなければ使用へと我々を導かないと後期ウィトゲンシュタインは強調する．そしてその際に『論考』が批判の対象になる．解釈の細部については議論の余地があるとしても，このような点は「絵」に言及せずともおおむね認めることができる[10]．

例えば，私的言語論の感覚日記をめぐる議論 (PI 258) においては，感覚に注意を向けるといった心的な名指しが実践独立には機能しないということがその主要な論点だと概ね認められている (McGinn 2013, pp. 157-160, Wrisley 2011, Ohtani 2021, 大谷 2020, pp. 160-162)[11]．あるいはアウグスティヌス的言語像についての議論で「名前」という観念が実践独立には明確な内容を持たないと論じられているということも特に異論はないと思われる (cf. 大谷 2020, pp. 59-60)．そして「名前」が『論考』の写像理論を支える観念である以上 (TLP 4.22, cf. 4.0312)，「心的名指し」や「名前」をめぐる『探究』のそのような議論が直接，間接に『論考』批判をその含みとして持っているということもまた明らかである．使用を示唆するように見えるものを「絵」と呼ぶことで，解釈上何か新しい洞察が得られるわけではなく，むしろ，使用を示唆するように見えるものが，絵だけでなく，イメージ，色見本，言語表現，心的名指し（注意を向けること），そして『論考』の「像」や「名前」など様々にあると説明すれば十分であると考えられるのである．

　野矢の解釈の問題点の三つ目は，「像」を「絵」とすることで，ウィトゲンシュタインの議論の詳細が見えにくくなるという点にある．野矢の議論はむしろ解釈上のデメリットがあるのである．

　ポイントは，野矢は「像」を「絵」だとすることで，ドイツ語の"Bild"にある「物の見方」という意味合いを十分にすくい取れなくなるという点にある．先に見たように，"Bild"という語は日常的に「物の見方」という意味で使用される．野矢は像とは「絵」だと言うことで，この点を十分に強調することができず，従って，我々をとらえる物の見方を解明し，そこから我々を解き放つという後期ウィトゲンシュタイン哲学のモチーフをテキストと結びつけて解説することができなくなってしまっている[12]．

　ここでもアウグスティヌス的言語像についての議論を考えてみよう．「言語における語は対象を名指す．一文とはそのような名前の結合である」という像は，「ダダダ」のようなノイズではなく，言語表現として把握される．そしてそのため，それは使用を示唆するように見える．しかし，ウィトゲンシュタインの議論にとって重要なのは，その言語表現が単に使用を示唆しているということだけでなく，そのことによって，それが不明瞭な物の見方を与えているということである．

　アウグスティヌス的言語像における「名前」は様々な解釈に開かれている．『探究』2節では「台石」「石柱」「石板」「梁石」が名前の例として挙げられている．あるいは数詞を「数の名前」と呼ぶこともできるかもしれない (PI 10)．このように「名前」ということでどのような種類の語を考えてい

るかを明確にしていないため，アウグスティヌス的言語像は不明瞭な物の見方を与えるものとなっている．ところがウィトゲンシュタインによると，我々は「机」「椅子」「パン」「花子」などの典型的な名前をその像に結びつけ，それを我々の哲学的思考を規定する枠組みとしてしまう．ウィトゲンシュタインが問題とするのは，このような我々の思考を規定する物の見方としての「像」である．

　このようなウィトゲンシュタインの議論の詳細を大谷（2020）は先に見たように「像／モデル」という区別により分析しようと試みている．そしてこの点で大谷の解釈には一定の妥当性を認めることができるのである．他方，野矢のように単に使用を示唆するものを「絵」あるいは「像」と呼ぶだけでは，ウィトゲンシュタインが実際にどのように議論を運んでおり，そこでどのような物の見方が解明されているのかということを十分に明らかにすることはできない．先に見たように，野矢も「像」をメタ哲学的概念とするが，「像」を「絵」により説明する野矢の解釈は結局のところ，像概念のメタ哲学的役割をうまく説明できないのである[13]．

5. 像と比較の対象

　前節では主に大谷（2020）と野矢（2022）の解釈を検討した．では，古田（2020）はどうだろうか．

　古田が先の②，すなわち「『探究』の像概念」が存在するというポイントについてどのように考えているのかは明確ではない．古田は「像」が「後期の［ウィトゲンシュタイン］の哲学を特徴づける最も重要なキーワードのひとつとすら言える（古田 2020, p. 131）」と述べる．従って，古田は「『探究』の像概念」の存在にコミットしているようにも見える．他方，古田はウィトゲンシュタインのテキストにより自身の像についての説明を裏付けることにさほど熱心ではない．例えば，古田は「意志の自由についての講義」について論じつつ像概念を導入するが，その際「像」についてのウィトゲンシュタインのコメントに一つも言及していない（古田 2020, pp. 129-137）．

　このように古田が②についてどのように考えているかは明確ではない．しかし，③については明確である．先にも見たように，古田は後期哲学を特徴づける「像」概念を『論考』の像概念と明示的に区別している．そして，これも先に見たように，古田は大谷同様に，像を不明瞭で大雑把な物事の捉え方，物の見方だとする．そして，そのような不明瞭な物の見方からの解放を目指すものとして後期ウィトゲンシュタイン哲学が特徴づけられる．

　古田の解釈と大谷の解釈の違いは，古田がウィトゲンシュタインの「像」

をゲーテの「原型」についての議論と結びつける点である．古田はゲーテの「原型」についての考察のウィトゲンシュタインへの影響を指摘したうえで，「原型」がウィトゲンシュタインの「展望のきいた描写（PI 122）」の「連結項（PI 122）」に対応すると指摘する[14]．

　古田によると，連結項とは個別の事象間の連関をたどり，見渡すことを可能とするために事象同士を関連づけるものである（古田 2020, p. 209）．古田は連結項をカードゲームを例にして説明する．我々は，「ババ抜き」「ポーカー」「ブラックジャック」という事例からトランプを用いたカードゲームの共通点として対戦相手と勝ち負けを競うという点を見出すかもしれない．しかし，ここに「ペイシェンス」が新たな連結項として導入されると，ペイシェンスにおいては対戦相手が存在しないので，カードゲームを捉える見方が変更され，カードを一定の仕方で並べる営みとしてカードゲームの全体が捉え直されることになる．このような議論から，古田は連結項とは「我々のものの見方を変える媒体（古田 2020, p. 212）」であると説明する．

　古田によると，このように理解された「連結項」はゲーテの「原型」と重要な点で類似しているが，相違点もある．それは，ゲーテの「原型」が問題の現象の本質を与えるものとして考えられていたのに対し，ウィトゲンシュタインの「連結項」は一つの物の見方を与えるものであり，「比較の対象」だという点である（古田 2020, pp. 212-215）．

　そしてこのように本質を示すのではなく，物の見方を与える点で連結項は「像」だと古田は言う．古田によると，「ゲーテが「原型」と呼んだものは，ウィトゲンシュタイン流に言えば「像」にほかならない（古田 2020, p. 213）」のである．

　このような古田の解釈の妥当性はどれほどのものだろうか．ゲーテの「原型」とウィトゲンシュタインの「連結項」の類似性と相違点に関する議論は非常に興味深い．しかし，「像」をめぐる議論に注目すると，古田の解釈には問題もある．この点を大谷解釈と比較しつつ見ていこう．

　古田と大谷の一つの相違点は，古田が大谷における像とモデルという区別を否定する点にある．古田は大谷の「モデル」を像に結びつけられる「文脈」として説明したうえで，像とモデルという区別を明示的に否定する．その理由は，像は特定の文脈，モデル，と結びついて形成されるのであり，文脈は像と不可分なその一部なのだ，というものである（古田 2020, p.131）．

　そして，古田はアウグスティヌス的言語像について次のように論じる．

　　しかし，この像は実際のところ，語についてのひとつの見方—それも，

漠然とした不明瞭な見方—に過ぎない．おそらくこの像は，「机」や「パン」といった名詞の働きを基に生まれたものだろう．それゆえ当然，この像は名詞にはよく適合する．しかし，語には活動や性質を示すものなど様々な種類があり，その多くは明らかにこの像に適合しない．（古田 2020, p. 170）

アウグスティヌス的言語像は名詞の働きと結びついて形成されている．しかし，他の品詞の語にはその像は適合しない．それにも関わらず，この像に現実を無理やり当てはめようとするとき，哲学的問題が生じる．古田はこのようにウィトゲンシュタインの議論を説明する（古田 2020, pp. 170-171）．

　この古田の解釈に関してまず疑問なのは，アウグスティヌス的言語像が名詞を使用する文脈で形成されるという論点は，両者を切り離せないということを帰結しない，という点である．像がどのような文脈（モデル）に起源を持つとしても，それがそのような文脈から切り離されて一つの物の見方を与えるということはありうるだろう．

　ポイントは像の形成についての議論と像が我々をとらえる仕方についての議論を区別すべきだということにある．大谷の像とモデルについての議論は後者についての議論であり，前者については何も言われていない．従って，議論のために像が特定の文脈（モデル）とその形成において切り離せないという古田の論点を認めるとしても，哲学的明確化において像とモデルを区別すべきだという大谷の論点とは無関係なのである．

　そして，実際に哲学的明確化に向かうと古田も像と文脈を切り離して考えている．例えば，古田は『探究』1節の買い物の言語ゲームをアウグスティヌス的言語像が当てはまらない例として出し，「このようにウィトゲンシュタインは，日常的な具体例を基に，「語は対象を名指す」といった物言いが現実に当てはまるかどうかを吟味していく（古田 2020, p. 172）」と論じる．しかし，これはアウグスティヌス的言語像をその起源とは異なる文脈において考察することであろう．

　ポイントは，アウグスティヌス的言語像についてのウィトゲンシュタインの議論を理解するためには，像とそれを方向づける文脈（モデル）を区別する必要がある，ということである．「言語における語は対象を名指す．—文とはそのような名前の結合である」とアウグスティヌス的言語像は不明瞭な物の見方を提示する．そして，ウィトゲンシュタインはこの像が当てはまる文脈や当てはまらない文脈を様々に想像する．『探究』2節の大工の言語ゲームは前者であり，1節の買い物の言語ゲームは後者である．対話的な議

論の中で像とその文脈（モデル）を様々に吟味するというのが，ウィトゲンシュタインの議論のやり方であり，像と文脈（モデル）の区別は，その議論を整理するために必要な区別なのである．

　古田の解釈はこの区別をし損ねているというよりも，実際にはその区別を用いているのに，そのことについて整理しきれていない．もちろん，それだけであれば，解釈上の重要な問題というわけではないかもしれない．しかし，問題はその整理不足により，ウィトゲンシュタインの他の議論も適切に整理できなくなっている，という点にある．

　それは「比較の対象」を「像」と呼ぶ古田の議論に現れている．この点を見るために，「比較の対象」についてのウィトゲンシュタインのコメントを確認しておこう．

　　　　我々の明確で単純な言語ゲームは将来の言語の統制のための予備研究－いわば摩擦や空気抵抗を無視した第一近似－ではない．そうではなく，言語ゲームはその類似性と相違性を通して我々の言語のあり方に光を投げかける比較の対象として提示されているのである．（PI 130）

明らかに，この箇所で「比較の対象」と呼ばれているのは『探究』冒頭の買い物の言語ゲーム（PI 1）や建築家の言語ゲーム（PI 2）のようなプリミティブな言語ゲームである．

　重要なのは，それは「明確で単純な」言語ゲームである，ということである．あるいは，古田自身の例に従うとしても，ペイシェンスのゲームは明確で単純なゲームである．これに対して，古田の理解する「像」は不明瞭で大雑把な物の見方のことであった．従って，「比較の対象」となる「連結項」を古田の意味での「像」と呼ぶことは，解釈上も，古田自身の説明からしても混乱していることになる．

　ここで大谷（2020）の解釈と比較しておこう．大谷は像とモデルを区別し，プリミティブな言語ゲームは像を把握させるためのモデルであるとし，像自体とは区別する（大谷 2020, p. 83）．従って，そのような言語ゲーム自体が不明瞭だと言われるわけではない．言語ゲームのようなモデルが不明瞭な像に結びつけられ，それに（疑似）論理を与えることで我々の物の見方が規定されると大谷は論じるのである．従って，大谷においては古田の解釈のような混乱は生じていない．これに対して，古田解釈は興味深い指摘を含むものの，大谷解釈と比較したときに，十分にウィトゲンシュタインのテキストに迫るものとはなっていないと言わざるを得ないであろう．

6. 結論

　この論文においては，近年の日本語文献におけるウィトゲンシュタインの「像」概念の解釈を検討し，その対立点を明らかにするとともに，各解釈の妥当性を検討した．後期ウィトゲンシュタイン哲学を，我々をとらえる物の見方からの解放を目指すものとして特徴づけることには一定の妥当性がある，ということは，いまやほとんどの研究者が認めるところであろう．このような後期ウィトゲンシュタイン哲学のライトモチーフを表現するために「像」という用語を用いるのであれば，そこに解釈上の重大な争点は存在しない．

　しかし，この論文で扱った三つの研究がそうであるように，ウィトゲンシュタインのテキストの読解に貢献するような「像」概念を与えることを目指すのであれば，個々のウィトゲンシュタインの議論に即してその概念の有効性を吟味する必要がある．そして，この点からすると，古田 (2020) と野矢 (2022) は，いくつかの興味深い洞察を間違いなく含んではいるものの，ウィトゲンシュタインのテキストに十分に深く切り込めていない．近年の研究の中では大谷 (2020) —これが決定版だとは言えないかもしれないが—のみが実り多い解釈を提示することに成功している．

　ところで，大谷 (2020) の示唆するウィトゲンシュタインのメタ哲学とはどのようなものだろうか．最後にこの点を簡単に考察し，今後の課題を示しておこう．

　大谷 (2020) によると，ウィトゲンシュタインのメタ哲学は「明確化」として特徴づけることができる．すなわち，大谷の解釈によると，ウィトゲンシュタインの哲学とは，我々をとらえる物の見方－像－を様々に明確化することにより，コミットするに値する物の見方を見極めることに存する．

　この明確化の注目すべき特色に二点言及しておこう．第一に，それは「物の見方」の明確化である．すなわち，それは個々の概念の定義などではなく，モデルによる像の解明という形をとることで，我々の物の見方を明確化することを目指すのである．第二に，その明確化は理論構築の前段階ではなく，それ自体を目的としている．すなわち，そこで目指されているのは何らかの基礎的主張から関連する現象を説明することではなく，不明瞭な物の見方が明確になること自体なのである (cf. Ohtani 2018)．

　このウィトゲンシュタインのメタ哲学と，例えば分析哲学や現象学のメタ哲学との相違や類似についてはさらなる分析が必要であろう．しかし，ウィトゲンシュタインは概念分析や理論構築とは異なる独自の哲学的課題を追求

しており，大谷 (2020) はそれをテキストに即して理解させるものなのである.

謝辞

本研究はJSPS科研費20H01181の助成を受けている.

注

1. 標準的解釈については Hacker (1986), (2012), Schönbaumsfeld (2010) などを見よ. 標準的解釈も「像」に言及することはあるが，それを解釈上の中心的概念とはしない (e.g. Baker & Hacker 2009a, pp. 277-299).
2. 古田 (2020), p. 132は以下の一つ目の論点に言及している. 大谷 (2020) では明示的にそこで議論されている「像」が『論考』の像と異なるとは言われていない. ただし，大谷 (2022), p. 302ではより明示的である.
3. 実際，ベーカー＆ハッカーの古典的なコメンタリーは140節の「私が犯した誤り」を139節の立方体の心的イメージが使用を強いるという考えとして解釈している (Baker & Hacker 2009b, p. 299). ただし，ハッカーは『論考』に一定の心理主義を帰している (Hacker 1986, chap. 3, 4).
4. 別の箇所で野矢はこの140節を含む「理解」についての『探究』の議論を検討するが (野矢 2022, pp. 75-79)，その際この点は論じられない.
5. ただし，ウィトゲンシュタインは "Vorbild" という用語を用いることがあり，これは『探究』130節の英訳では "model" と訳されている (PI 130).
6. この点は Eugen Fischer 博士との会話で示唆された.
7. もちろん，大谷が描く解釈上の概念としての像概念と『論考』の像概念の共通性を問題にすることはできるが，これについては先に2節で見たように大谷はその共通性を否定している.
8. 「『探究』の像概念」の存在にコミットするとしても，『探究』における「像」という語のすべての出現をカバーする仕方でその概念を説明する必要はない. しかし，「『探究』の像概念」と言うからには，ある程度の出現を統一的に説明できねばならないであろう.
9. 他の箇所としてはPI 115, 305, 374, 422-427を挙げることができる. 関連する考察として Egan (2011) を見よ.
10. 例えば，『論考』も文脈原理を支持し，名前が特定の文脈と切り離されては指示対象を持たないと考えている (TLP 3.3). 従って，後期ウィトゲンシュタインの『論考』批判は，『論考』が文脈およびそれを成立させる実践の役割について十分には考察できていない，というものだと考えることもできる.
11. 解釈が分かれるのはそのような議論の「哲学的治療」における位置づけである (cf. Stern 2011).
12. 先にも述べたように野矢も我々をとらえる像からの解放を問題としている. しかし，その説明において野矢は文字通りの「絵」に戻り，観念論や実在論を

絵で表現する（野矢2022, p. 222）．そしてその際，PPF 55およびPI 423-424を引く．しかし，これらの箇所で議論されているのは観念論や実在論ではない．

13. 野矢の「絵」も文字通りの絵ではなく，「使用を示唆する何か」といったことを意味しており，それによって「物の見方としての像」という方向に接近している．しかし，野矢自身はその点を追求しない．実際，野矢は像概念について論じる箇所以外では像を問題としない．例えば，アウグスティヌス的言語像についての議論においても，野矢は像に言及しない（野矢 2022, pp. 6-8）．これは結局のところ，『探究』の議論をよりよく理解させる像概念を野矢が取り出し損ねているからだと言うことができるだろう．野矢においてはメタ哲学的概念としての「像」への言及は，ウィトゲンシュタインのメタ哲学重視の姿勢へのリップサービスに終わっているのである．

14. 古田はMS 110の関連個所を引いている（古田 2020, pp. 206-207）．

文献表

Baker, G. P. (2001). Wittgenstein: Concepts or conceptions?. *Harvard Review of Philosophy*, 9: 7-23.

Baker, G. P. & Hacker, P. M. S. (2009a). *Wittgenstein: Understanding and Meaning, Part I – Essays*. Second edition. Oxford: Wiley-Blackwell.

Baker, G. P. & P. M. S. Hacker. (2009b). *Wittgenstein: Understanding and Meaning, Part II – Exegesis §§1-184*. Second edition. Oxford: Wiley-Blackwell.

Egan, D. (2011). Pictures in Wittgenstein's later philosophy. *Philosophical Investigations*, 34(1): 55-76.

Fischer, E. (2006). Philosophical pictures. *Synthese*, 148(2): 469-501.

Floyd, J. (2005). Wittgenstein on philosophy of logic and mathematics. In S. Shapiro (ed.), *Oxford Handbook of Philosophy of Mathematics and Logic*. Oxford: Oxford University Press: 75-128.

古田徹也 (2020). 『はじめてのウィトゲンシュタイン』NHKブックス.

Goldfarb, W. (2011). Das Überwinden: anti-metaphysical readings of the *Tractatus*. In R. Read & M. A. Lavery (eds.), *Beyond the Tractatus Wars: The New Wittgenstein Debate*. New York: Routledge: 6-21.

Hacker, P. M. S. (1986). *Insight and Illusion: Themes in the Philosophy of Wittgenstein*. Revised edition. Oxford: Clarendon Press.

Hacker, P. M. S. (2012). Wittgenstein on grammar, theses and dogmatism. *Philosophical Investigations,* 35(1): 1-17.

Kuusela, O. (2008). *The Struggle against Dogmatism: Wittgenstein and the Concept of Philosophy*. Cambridge, Massachusetts: Harvard University Press.

McGinn, M. (2013). *The Routledge Guidebook to Wittgenstein's Philosophical Investigations*. Second edition. London & New York: Routledge.

野矢茂樹（2006）.『ウィトゲンシュタイン『論理哲学論考』を読む』ちくま学芸文庫.

野矢茂樹（2022）.『ウィトゲンシュタイン『哲学探究』という戦い』岩波書店.

Ohtani, H. (2016). Wittgenstein on context and philosophical pictures. *Synthese*, 193 (6): 1795-1816.

Ohtani, H. (2018). Philosophical pictures about mathematics: Wittgenstein and contradiction. *Synthese*, 195(5): 2039-2063.

Ohtani, H. (2021). Reflective equilibrium from a Wittgensteinian perspective. *Philosophia*, 49(4): 1631-1649.

大谷　弘（2020）.『ウィトゲンシュタイン　明確化の哲学』青土社.

大谷　弘（2022）.『入門講義ウィトゲンシュタイン『論理哲学論考』』筑摩選書.

Schönbaumsfeld, G. (2010). A 'resolute' later Wittgenstein?. *Metaphilosophy*, 41(5): 649-668.

Stern, D. G. (2011). Private language. In M. McGinn and O. Kuusela (eds.), *The Oxford Handbook of Wittgenstein*. Oxford: Oxford University Press: 333-350.

谷田雄毅（2023）.「日本のウィトゲンシュタイン研究」『思想』第1185号，132-144頁.

Wrisley, G. (2011). Wherefore the failure of private ostension?. *Australasian Journal of Philosophy*, 89(3): 483-498.

Wittgenstein, L. (1922). *Tractatus Logico-Philosophicus*. London & New York: Routledge. (TLP)

Wittgenstein, L. (2009a). *Philosophical Investigations*. 4th edition. Oxford: Wiley-Blackwell. (PI)

Wittgenstein, L. (2009b). Philosophy of Psychology–A Fragment. In L. Wittgenstein, *Philosophical Investigations*. 4th edition. Oxford: Wiley Blackwell: 182-243. (PPF)

（東京女子大学）

科学哲学 56-2 (2023)

Teleological Fictionalism in Biology:
An Overview

Masaki Chiba

Abstract

In this paper, I outline and motivate the fictionalist account of biological teleology, which has received relatively little attention in recent discussions. It holds that our teleological discourse about biological traits employs a useful metaphor that treats them as if they were purposefully designed by an intentional agent, say, God or Mother Nature. Drawing primarily on various conceptual tools developed in the contemporary philosophy of fictionalism and metaphor, as well as on different forms of evidence, I argue for two specific versions of teleological fictionalism: *descriptive* and *prescriptive pretense* fictionalism. I argue that when we ascribe a purpose to a biological trait, at least in some important classes of cases, we are invoking a game of prop-oriented make-believe in which the trait in question is used as a prop. I also argue that we should engage in such metaphorical discourse, at least on some important occasions, on the grounds that it can yield certain practical benefits that might outweigh its costs. The upshot is that teleological fictionalism is a live option that deserves further philosophical scrutiny as well as empirical investigation.

1. The Problem of Biological Teleology

Teleological statements are statements that ascribe some purpose, end, or goal state to their subject matter.[1] Statements of this kind are pervasive in the realms of human action and artifacts (see Preston, 2009; Sehon, 2010), but they are also frequently found in discourse about traits of biological organisms (Allen

2023 年 7 月 31 日投稿，2023 年 8 月 23 日審査終了

& Neal, 2020). Some well-worn examples favored by philosophers include sentences like "The heart exists *in order to* pump the blood" (Ruse, 1981, p. 85; emphasis in original) and "The *purpose* or *function* of the heart is to pump the blood" (Ruse, 1981, p. 85; emphasis in original).[2] Statements like these are teleological because they ascribe a purpose, end, or goal state, say, pumping the blood, to the biological traits that they refer to, say, the heart. The problem with such statements, however, is their apparent tension with evolution: the theory of evolution teaches that, with notable exceptions in bioengineering and agriculture, biological organisms and their traits are not purposefully designed by an intentional agent—at least not in a direct way[3]—but by the process of natural selection along with other evolutionary mechanisms (see Millstein, 2021). How, then, are we to make sense of the nature and legitimacy of our teleological discourse about biological traits?

Contemporary philosophers and biologists can be roughly divided into at least three main camps in this regard. The most straightforward approach is to adopt what might be called the "abolitionist" (or "eliminativist") account, which holds that biological teleology is inherently creationist or Pre-Darwinian and should therefore be eliminated from our biological discourse (e.g., Ghiselin, 2005; Davies, 2009).[4] Another, and perhaps the most widely accepted, approach is to adopt what might be called the "revisionist" account (e.g., Millikan, 1989; Neander, 1991), which holds that we did or should revise our teleological concepts in one way or another so that our teleological discourse fits well with contemporary evolutionary biology. A third approach, which has received relatively little attention in recent discussions, is to adopt what might be called the "fictionalist" account (e.g., Lewens, 2000; Ruse, 2000), which holds that biological teleology is a metaphor that treats biological organisms and their traits as if they were purposefully designed by an intentional agent, and that we do or should continue to engage in teleological discourse even today.[5]

The aim of this paper is to revitalize this fictionalist account of biological teleology, drawing primarily on various conceptual tools developed in the contemporary philosophy of fictionalism and metaphor, as well as on different forms of evidence, including those from contemporary cognitive psychology. To this end, I argue that when we ascribe a purpose to a biological trait, at least in some important classes of cases, we are invoking a game of prop-oriented make-believe in which the trait in question is used as a prop. I also argue that we should engage in such metaphorical discourse, at least on some important occasions, on the grounds that it can yield certain practical benefits that might outweigh its costs. With these ideas in mind, this paper is organized as follows. First, in Section 2, I outline two specific versions of teleological fictionalism that I argue for in this paper: *descriptive pretense fictionalism* and *prescriptive pretense fictionalism*. Then, in Section 3, I briefly present some arguments for and challenges to each of these two views. The upshot is that teleological fictionalism is a live option that deserves further philosophical scrutiny as well as empirical investigation.

Before we enter into the main discussion, a few preliminary remarks need to be made. First, I do not claim to be the first, much less the only, proponent of the fictionalist account of biological teleology. Indeed, as I mentioned above, several philosophers have argued for what can plausibly qualify as teleological fictionalism in one form or another, without explicitly labeling their views as such.[6] For example, Tim Lewens (2000) argues that the writings of biologists suggest that teleological language is often used as a metaphor in which biological traits are treated as if they were artifacts. Michael Ruse (2000) further defends the practical value of this metaphor of biological teleology, arguing that it has heuristic and predictive value in evolutionary biology. Given that contemporary philosophers sometimes characterize fictionalism as the idea that statements in a given domain are metaphorical (e.g., Toon, 2016; see also Eklund, 2019; Scott & Malcolm, 2018), it would be reasonable to construe these metaphorical views of teleology as something akin to fictionalism.[7] The aim of this paper, then, is to reframe and defend some of their core insights within a standard contemporary fictionalist framework, as well as with various empirical findings available today.

Second, this paper does not argue that teleological fictionalism is the *only* viable option in the debate, or that other approaches to biological teleology are *thoroughly* misguided. Arguably, defending such a strong view would be a daunting, if not impossible, task. It may be the case, for instance, that teleology is just another example of "messy" concepts in biology that have multiple meanings or uses, such as the concept of "species" (see Lewens, 2000; see also Hey, 2001 for definitions of species). If this is the case, then perhaps different biologists use teleological language in different ways, with some using it metaphorically and others using it in a more technical scientific sense (Lewens,

2000). I am well aware of this possibility, and so my thesis in this paper is much more modest: even if there are a great many cases in our teleological discourse in which fictionalism does not apply, or in which other accounts are more plausible, there still remains a considerable proportion of cases in which it provides a plausible account. Put another way, teleological fictionalism is, at the very least, a reasonable position with respect to the discourse of *some* proportion of people—biologists or laypeople—in *some* variety of contexts.

2. Introducing Teleological Fictionalism

Broadly construed, *teleological fictionalism* or the *fictionalist account of biological teleology* refers to the idea that teleological language about biological traits is a fiction or metaphor that treats biological organisms and their traits as if they were purposefully designed by an intentional agent. As with fictionalism in other domains, however, this view can come in varieties. As I have already mentioned, the versions of teleological fictionalism that I argue for in this paper are *descriptive pretense fictionalism* and *prescriptive pretense fictionalism* about biological traits. To clarify what they are and how they differ from other possible varieties, I will briefly introduce three key theoretical distinctions that have been developed and adopted in the existing philosophical literature: the distinction between *descriptive* and *prescriptive fictionalism*, the distinction between the *prefix* and *pretense views* of fictive discourse,[8] and the distinction between *content-oriented* and *prop-oriented* make-believe. These conceptual resources, which we will briefly review in turn, provide a robust means for articulating the versions of teleological fictionalism that merit close examination in the discussion of biological teleology.[9]

2.1 Descriptive vs. Prescriptive Fictionalism

A first theoretical distinction to be made in the discussion of fictionalism is the distinction between *descriptive* and *prescriptive* fictionalism (Kroon et al., 2019). In short, descriptive fictionalism about a given domain of discourse refers to the idea that people as a matter of fact *do* engage in fictive discourse about that domain. This version of fictionalism is commonly called *hermeneutic fictionalism* by philosophers (Kroon et al., 2019). Suppose, for example, that most children believe that there is no Santa Claus, but for one reason or another they still talk as if he exists. Presumably, descriptive fictionalism would be a plausible view of children's discourse in such a scenario. Prescriptive fictionalism, by contrast, is the idea that people *should* engage in fictive discourse about a given domain. For example, a prescriptive fictionalist about Santa Claus might argue that children should engage in fictive discourse about Santa Claus on the grounds that doing so yields a host of practical benefits that outweigh its costs. The prescriptive version of fictionalism, combined with the *negation* of descriptive fictionalism, is commonly called *revolutionary fictionalism* (Kroon et al., 2019), since this position calls for a radical change in our language practice about a given domain.

Notice that these descriptive and prescriptive varieties of fictionalism are neither *mutually exclusive* nor *collectively exhaustive*. First, they are not mutually exclusive, since they are logically independent of one another: the former is merely a claim about what people *actually do*, while the latter is merely a claim about what they *ought to do*. This contrasts with the mutually exclusive relationship between the hermeneutic and revolutionary versions of fictionalism, in which the latter entails the negation of the former. Second, descriptive and prescriptive fictionalism are not collectively exhaustive either, for there can be a version of fictionalism that is neither descriptive nor prescriptive. Christopher Jay (2014), for example, introduces what he calls *evaluative fictionalism*, which holds that "there is or would be something significantly good" (p. 6) about engaging in fictive discourse about a given domain. Notice that the view is *not* identical to prescriptive, much less descriptive fictionalism, since it is silent about what people ought to do. This should be clear from the fact that it is merely a claim about the *value* of engaging in fictive discourse, rather than an *obligation* to do so. As such, evaluative fictionalism is compatible with the negation of prescriptive fictionalism: for example, it allows for the possibility that, *on balance*, people should not engage in fictive discourse, on the grounds that the costs outweigh the benefits.

Now, this distinction between descriptive and prescriptive fictionalism can be easily applied to teleological fictionalism. Descriptive teleological fictionalism about biological traits, on the one hand, holds that people—biologists or laypeople—*do* in fact engage in fictive discourse about biological traits when they make teleological statements about those traits. Prescriptive teleological fictionalism, on the other hand, holds that people *should* engage in fictive discourse about biological traits whether or not they actually do so. Accordingly, these two versions of fictionalism require different kinds of justification, some of which I will briefly present in Section 3. Descriptive teleological fictionalism, on the one hand, is justified on the basis of evidence—say, textual or experimental—about how people actually use teleological statements. Prescriptive teleological fictionalism, on the other hand, is justified on the basis of various practical costs and benefits—whether for biological research, biology education, or everyday communication—of engaging in teleological discourse as a fiction.

2.2 Prefix vs. Pretense View of Fictive Discourse

A second theoretical distinction to be made in the discussion of fictionalism is the distinction between the *prefix* and *pretense* views of fictive discourse (Kroon et al., 2019). In short, these two views adopt different strategies for understanding how we can affirm fictive sentences in an unproblematic way.[10] The prefix view, usually credited to David Lewis (1978), holds that fictive sentences are shorthand for longer sentences *prefixed* by a fiction operator such as "In such-and-such fiction" (Davidson 1978, p. 37) or "According to such-and-such story" (Kroon et al., p. 3). For example, when we say, "Santa Claus lives at the North Pole," perhaps we are asserting a longer sentence like "*According to the traditional story of Santa Claus*, he lives at the North Pole." By contrast, the pretense view of fictive discourse, usually credited to Kendall Walton (1990), holds that when we utter a fictive sentence, we are *pretending* or *make-believing* that it is the case, rather than *asserting* a longer sentence with a fiction operator. For example, when we say, "Santa Claus lives at the North Pole," we may be merely *pretending* that he lives there, rather than asserting that according to the traditional story of Santa Claus, he lives there.

Richard Joyce (2005) highlights several difficulties with applying the prefix view to (all of) our fictive sentences. Let me mention just two of them, using my own examples (my illustration of the first difficulty may differ from his in some ways, but the gist remains the same). First, in what Joyce calls "critical" contexts (Joyce, 2005, p. 290), that is, outside of fictive discourse, we usually deny sentences that are fictive. For example, we usually deny "Santa Claus lives at the North Pole" once we step out of fictive discourse about Santa Claus.[11] This is puzzling if the sentence always means, "According to the traditional story of Santa Claus, he lives at the North Pole," a sentence we typically believe to be true. Second, we often utter fictive sentences to *tell a story* rather than to *describe a story*. We may, for example, say as someone in the narrative, "Santa Claus lives at the North Pole," to *tell* a story to our listener, rather than to *describe* a story. But the prefix view (taken as a universal claim) makes it impossible to make this distinction. The implication is that, in *many* cases, the sentence in question simply means that Santa Claus lives at the North Pole, as understood by the pretense view. Thus, we tend to deny it in critical contexts, while pretending to assert it when immersed in fictive discourse.

The above considerations seem to provide some good grounds for adopting the pretense view of fictive discourse. But the question remains: if our fictive discourse involves an act of pretense or make-believe, how exactly does the game of make-believe work? Two key types of elements play a crucial role in Walton's (1990) influential account of make-believe, namely, *props*—the items used in the game—and *principles of generation*—the rules that specify what participants are supposed to imagine under certain circumstances in the game. According to Walton, these two determine what is true in the game of make-believe—or what is *fictional*, to use Walton's terminology. Suppose, for example, that a child who does not believe in Santa Claus discovers a gift in the stocking and says, "I got a gift from Santa!" By making this statement and imagining it to be the case, the child is engaging in a game of make-believe in which the gift and the stocking are used as props. In addition, the child's statement is *fictional*—that is, true in the make-believe game—on the basis of these props and the following implicit principle of generation: if there is a gift in the stocking, imagine that Santa Claus gave it to you. This basic idea of make-believe applies to teleological fictionalism as well, as we will see below.

2.3 Content-Oriented vs. Prop-Oriented Make-Believe

A third theoretical distinction to be made in the discussion of fictionalism is the distinction between *content-oriented* and *prop-oriented* make-believe (Walton, 2005). Content-oriented make-believe is the kind of make-believe in which our primary interest lies in the *content* of the game, not in the *props*. To use one of Walton's (2005) examples, when someone rides a hobby horse and pretends to ride a real horse, their primary interest in their act of pretense lies in the *content* of the make-believe world: the hobby horse is only valuable as an *instrument* for the make-believe game. Prop-oriented make-believe, by contrast, is the kind of make-believe in which our primary interest lies in the *props*. According to Walton (2005), when we make metaphorical statements, we often invoke—or more precisely, often "suggest or imply or introduce or call to mind" (p. 69)—a (possible) game of make-believe.[12] To use one of his examples again, by uttering the metaphorical sentence "Crotone is on the arch of the Italian boot" (Walton, 2005, p. 72), we imply a (possible) game of prop-oriented make-believe in which Italy is to be imagined as a boot. In this make-believe game, our primary interest lies in the *prop*, namely, the geography of Italy: the implied game is only valuable as an *instrument* for recognizing or describing Italy and Crotone in an evocative way.

This view of metaphor helps to clarify what exactly we are doing if our teleological discourse is metaphorical: when we use biological teleology as a metaphor, we are suggesting, implying, introducing, or calling to mind a (possible) game of prop-oriented make-believe in which biological organisms and their traits are used as props. For example, when we say, "The heart exists in order to pump the blood," we are implying a game of make-believe in which we are supposed to imagine that the heart was purposefully designed by an intentional agent, say, God or Mother Nature, in order to pump the blood. Notice that this game of make-believe is *prop-oriented*: just as our primary interest does not lie in the *content* of the make-believe world of the Italian boot, our primary interest here does not lie in the *content* of the make-believe world of the intentional designer of biological organisms and their traits. Rather, our primary interest lies in the *heart* and its *properties* that make this trait look as if it was intentionally designed to pump the blood. In other words, the implied make-believe game is only valuable as an *instrument* for recognizing or describing the heart in an evocative way.

Still, one question remains unanswered: what are the principles of generation at play in the make-believe game implied by the metaphor of teleology? Specifying them is not easy, since the rules of make-believe games are not always explicitly spelled out (Walton, 1990). The following, however, is a likely candidate for one of the principles at play: imagine that a trait T exists, or was intentionally designed by an agent, for a purpose P if T has been selected for P in evolutionary history. For example, we are supposed to imagine that the heart was designed to pump the blood, rather than to make a thumping noise, because the heart has been selected for pumping the blood, not for making a thumping noise. In other words, the selection history, together with the principle, makes it *fictional* that the heart exists in order to pump the blood. Now, this principle usually works due to the apparent similarity between natural selection and intentional design: both produce apparently designed objects of astonishing complexity and sophistication.[13] Note, however, that this may not be the *only* principle at play. Perhaps other situations in which biological traits resemble intentionally designed artifacts also provide a basis for imagining that they exist for some purpose—I leave this possibility for future research.[14]

3. Arguments for and Challenges to Teleological Fictionalism

The discussion so far has highlighted two versions of teleological fictionalism that merit close examination, namely, descriptive and prescriptive pretense fictionalism. Descriptive pretense fictionalism, on the one hand, holds that our teleological language is a metaphor that implies a (possible) game of make-believe about the intentional designer of biological traits. Prescriptive pretense fictionalism, on the other hand, holds that we should engage in such metaphorical discourse whether or not we actually do so. In what follows, I will briefly present some arguments for and challenges to each of these two views. Before doing so, let me quickly clarify what exactly is at stake in the following discussion. One central issue is (i) whether our teleological language shows some evidence that we use it as a metaphor rather than to make straightforward truth claims. If there is a sufficient amount of such evidence, then descriptive fictionalism would probably be a reasonable position; if there is not, then the view would probably be implausible. Another central issue at stake concerns (ii) whether or not the benefits of using teleological language as a metaphor (if any) outweigh the costs of doing so. If they do, then presumably prescriptive fictionalism would follow; if they do not, what follows would be at best evaluative fictionalism. With these key issues in mind, let us examine both descriptive and prescriptive fictionalism.

3.1 Arguments for Descriptive Fictionalism

Given what is at stake, what grounds are there for thinking that people use biological teleology as a metaphor? Descriptive fictionalists can point to different sorts of evidence. First, they can point to *psychological* evidence. Various studies in cognitive psychology seem to support the view that folk biological teleology is inherently creationist. For example, a study conducted with children shows a positive relationship between children's orientations toward teleology and toward creationism regarding natural phenomena (Kelemen & DiYanni, 2005). Another study conducted with scientists and control groups (college students and college graduates) shows that in the control groups, both belief in God and belief in Mother Nature predict endorsement of teleological explanations for natural phenomena (Kelemen et al., 2013). While the exact relationship between the folk conceptions of teleology and creationism is still a topic of ongoing psychological research, a natural interpretation of such evidence would be that folk teleology presupposes creationism: when people think or talk about the purpose of biological traits, for example, they are implicitly referring to the intentions of the designer, such as God or Mother Nature. Now, if folk biological teleology is creationist, then a natural interpretation would be that at least those who reject creationism use biological teleology as a metaphor.

Second, descriptive fictionalists can point to some *written* forms of evidence. Lewens (2000), for example, argues that teleological language is most commonly found in the popular writings of biologists. Consider the following two passages—the first passage is a quote from Stephen Jay Gould's (1980) *The Panda's Thumb*, an example used by Lewens (2000); the second passage is a quote from Richard Dawkins' (1982) *The Extended Phenotype*, which is my own example:

> Natural selection may build an organ 'for' a specific function or group of functions. But the 'purpose' need not fully specify the capacity of the organ. Objects designed for definite purposes can, as a result of their structural complexity, perform many other tasks as well. (Gould, 1980, p. 57)

> Somatic cell divisions are used to make mortal tissues, organs and instruments whose 'purpose' is the promoting of germ-line divisions. (Dawkins, 1982, p. 256)

According to Lewens, passages like these provide some evidence that the teleological language used by biologists is often metaphorical. First, the fact that these are popular writings rather than journal articles for a narrow and specialized audience suggests that the authors are using teleological language in the ordinary folk sense, that is, in the sense that implies creationism, as opposed to a more technical scientific sense. Second, teleological expressions like "for" and "purpose" are sometimes placed in scare quotes, as in the passages above, indicating that they should be taken figuratively (see Akiba, 2021).[15] Taken together, these features lend support to descriptive fictionalism about biologists' teleological discourse.[16]

Third, descriptive fictionalists can point to some *indirect* evidence that cries out for explanation. One such line of evidence is the controversial nature of biological teleology. Despite attempts by many revisionists to update the concept of biological teleology, which avoid reference to the designer's intentions (see Garson, 2016), the concept remains controversial to this day (Dennett, 2017). A good illustration of this controversial nature is the sharp contrast between biologists like Francisco Ayala (1970), who argues that "teleological explanations in biology are not only acceptable but indeed indispensable" (p. 1), and biologists like Michael Ghiselin (2005), who argues that teleology "must be rejected categorically" (p. 129). This controversial nature of teleology is puzzling, as Lowell Nissen (1997) points out, if the majority of people—biologists or laypeople—accept the revisionists' proposals when they use teleological language. Descriptive fictionalism, by contrast, can offer a plausible explanation: biological teleology is controversial because, despite many attempts to revise the concept, it still carries connotations of creationism. This line of evidence, together with the previous two, lends support to the view that biologists and laypeople use biological teleology as a metaphor, at least in some important classes of cases.

3.2 Arguments for Prescriptive Fictionalism

Now, what grounds are there for thinking that people should use the metaphor of biological teleology despite its controversial nature? To see this, let me mention one central feature of metaphorical language: it allows us to see the *primary* subject of discourse, say, the geography of Italy, in terms of the *secondary* subject, say, a boot, and thus to see things in a special light. This feature of metaphor is called the "framing effect" (Moran, 1989). As Adam Toon (2016) points out, the framing effect can benefit us in a couple of ways: first, it provides a "vivid and memorable" (Toon, 2016, p. 290) way of referring to the primary subject, and second, it encourages "a range of further inferences" (Toon, 2016, p. 290) about that subject. Consider, for example, the metaphor of the human genome as "the book of life" (Nerlich et al., 2002). This metaphor allows us to see the genome as a book containing genetic information, and thus to see the genome in a special light. As such, it provides a vivid and memorable way of referring to the genome and encourages us to make further inferences about the subject—indeed, this metaphor was "central to the launch of the human genome project" (Kampourakis, 2020, p. 102), a project to decipher what is written in the book.

The same point applies to the metaphor of biological teleology: the metaphor allows us to see biological traits in terms of intentional design, and thus to see them in a special light. Again, this can benefit us in a couple of ways. First, it provides a vivid and memorable way of referring to biological traits. Recall, for example, the sentence: "Somatic cell divisions are used to make mortal tissues, organs and instruments whose 'purpose' is the promoting of germ-line divisions" (Dawkins, 1982, p. 256). Arguably, punchy expressions like "purpose" would be much more vivid and memorable to most people than rather dry and wordy phrases like "selected effect in evolutionary history." Second, it encourages further inferences about biological traits referred to in the metaphor. Indeed, this benefit of the framing effect explains why this metaphor has *heuristic* value in evolutionary biology, a central value of the metaphor of teleology according to some philosophers (e.g., Ruse, 2000): thinking about traits in terms of intentional design encourages biologists to ask a further question, "What were these traits designed for?" and thus invites them to investigate what they were selected for in the past selection history.[17] To use Daniel Dennett's (1995) phrase, research in evolutionary biology involves "an exercise in figuring out 'what Mother Nature had in mind'" (p. 228).

The question, however, is whether such benefits of using the metaphor outweigh the costs. Now, there are two major risks in the use of metaphor in science (Kampourakis, 2020), both of which could apply to our case. First, we might forget that the language is metaphorical and thus confuse its primary and secondary subjects, namely, biological traits and products of genuine intentional design (see Kampourakis, 2020). Second, this metaphor can distract us from other important aspects of biological traits by focusing our attention primarily on their apparently purposeful nature (see Kampourakis, 2020). My tentative response is: these risks are probably not inevitable, at least within the community of trained biologists. First, they can prevent possible confusion of the primary and secondary subjects by using scare quotes or air quotes, or by explicitly warning against such confusion. Second, they can remind themselves that the metaphor is only useful in *some*, but *not all*, contexts, and step out of the metaphor when other important aspects of biological traits should be investigated. Underlying this latter strategy is a version of prescriptive fictionalism called *contextualist fictionalism* (Sauchelli, 2018), which holds that people should engage in fiction only in *some* contexts, but *not all*.[18] In sum, as long as these risks can be managed at low cost, they do not seem to pose an insurmountable challenge to prescriptive fictionalism.

3.3 Challenges to Teleological Fictionalism

Finally, what challenges might be posed to teleological fictionalism? Let me mention three challenges that deserve some consideration. First, opponents of descriptive teleological fictionalism might argue that biological teleology is a *dead metaphor* (Wright, 1976). In general, a dead metaphor is an expression that has lost its metaphorical force as a result of frequent use and acquisition of a new literal meaning (Lycan, 2008). For example, when we say that a battery is "dying," virtually no one would imagine that the battery is a living organism, because as a result of frequent use, "dying" now has a new literal meaning, namely, losing power. Opponents of fictionalism might say something similar about teleological statements like "The heart exists in order to pump the blood": they have lost their metaphorical force as a result of frequent use and acquisition of a new literal meaning proposed by revisionists. This suggestion, however, is implausible if taken as a universal claim. Granted, for some of us, teleological statements may have lost their metaphorical force. But for many others, the temptation to *imagine* biological organisms as intentionally designed is probably still hard to resist, given that studies in cognitive psychology suggest that both children and adults have a creationist cognitive bias (Evans, 2001; Järnefelt et al., 2015).

Second, opponents of prescriptive fictionalism might argue that the metaphor of biological teleology is detrimental to *biology education*. For example, teleological thinking is sometimes seen as a significant barrier to students' understanding of evolution, especially among educators (Hammann & Nehm,

2020). If so, opponents might argue that the proper response is *abolitionism* (or *eliminativism*) about teleology, not fictionalism. This suggestion, however, is probably unrealistic and counterproductive. Given that teleology is a deeply entrenched mode of thinking in human cognition, and that biologists themselves sometimes rely on this way of thinking, several researchers suggest that the proper response is not the complete elimination of teleology, but its regulated use in biology education (González Galli et al., 2020; Werth & Allchin, 2020). I have already suggested some helpful ways to avoid confusing the primary and secondary subjects of the metaphor of teleology, and these suggestions apply to biology education as well. First, teachers can use scare quotes or air quotes to indicate that their talk of "purpose" is metaphorical. Second, they can also explicitly warn students against such confusion. We can at least hope that these strategies will help reduce potential misunderstandings of evolution among students. The exact extent to which such strategies work, however, is a matter of empirical investigation, not armchair reasoning.

Third, opponents of prescriptive fictionalism might argue that it discounts the possibility of *theistic evolution*, the possibility that God is ultimately responsible for the evolutionary process. The non-theistic philosopher Elliott Sober (2011) holds that "theistic evolutionism is a logically consistent position" (p. 189; see also Ruse 2001). Sober (2011), for example, argues that the idea of God guiding the evolutionary process is compatible with the idea of "random" mutation. If this is a genuine possibility, then it could open up the possibility that organisms and their traits are intentionally designed in some non-metaphorical sense. I am aware of such a possibility, but I do not think that fictionalism is *incompatible* with theistic evolution. First, even if God is the ultimate cause of evolution, its more proximate cause is natural selection, along with other natural causes. Thus, theistic evolutionists can pretend that Mother Nature is the one who directly designs biological organisms as God's chosen assistant. Second, even when God is imagined as the sole designer of organisms, our intuitive reasoning about God tends to involve some kind of anthropomorphism—say, God as acting within spatiotemporal constraints like humans, as studies in the cognitive psychology of religion suggest (Barrett, 2000). Such an anthropomorphic view of God is to a large extent metaphorical, even if theistic evolutionism is true.[19] In sum, these possible objections do not provide an insurmountable case against teleological fictionalism.

4. Concluding Remarks

I have outlined and motivated two specific versions of teleological fictionalism about biological traits, namely, descriptive and prescriptive pretense fictionalism. The discussion so far, if successful, provides some good grounds for thinking that they are plausible views of our teleological discourse, at least in some proportion of cases. For reasons of space, however, I have left out many important details and pertinent questions. Clearly, much more needs to be said and done for a fuller development of this account and a more comprehensive assessment of its implications. One unaddressed issue, for example, is its implications for the philosophy of mind: how does the view that biological teleology is a metaphor affect so-called teleological theories of mental content, which are highly influential in the contemporary philosophy of mind (see Schulte & Neander, 2022)? Note that this is only one of many possible open questions in which teleological fictionalism stimulates further research that could change the future paths of the relevant fields of inquiry. My secondary aim in this paper, therefore, is to invite philosophers and researchers in other fields to join in such a stimulating discussion and exploration of this rather undiscussed view of biological teleology—a view about one of the most fundamental and longstanding topics in the history of intellectual inquiry. I conclude, then, that teleological fictionalism is a live option that deserves further philosophical scrutiny as well as empirical investigation.

Acknowledgments

I have presented many of the key ideas in this paper at various conferences and seminars, including the 53rd Annual Meeting of the Philosophy of Science Society, Japan, October 10, 2020, and the 60th Annual Meeting of the Society of Philosophy (The University of Tokyo), October 31, 2021. I would like to thank the participants for their helpful comments and questions. This study was also supported by a grant from the Philosophy of Science Society, Japan (Ishimoto Grant for Young Researchers). I am especially grateful to Brian J. Hanley, Ching Jou Lin, John O'Dea, Kodai Sato, Kohan Cho, Masanori Kataoka, Naoya Fujikawa, Ryo Uehara, Ryoji Sato, Ryosuke Fujiwara, Takayuki Suzuki, and Yoshiyuki Hayashi, among others, for providing helpful feedback or proofreading the manuscript at different stages. Discussions with Hiroaki Tanaka are also gratefully acknowledged.

Notes

1. Perhaps the term "teleological explanations" is more commonly used, but I prefer the term "teleological statements" because not all teleological statements seem to take the form of explanatory statements.
2. In this paper, I will use the former sentence as a paradigmatic example of teleological statements about biological traits, without repeating the citation. Note, however, that typical teleological statements made by biologists might be more complex and sophisticated than this. Here is an example taken from a biology textbook: "The human **circulatory system**, also known as the **cardiovascular system**, is designed to efficiently deliver blood, and the nutrients and oxygen it carries, to all of the body's tissues" (Whittemore, 2004, p. 10; bold in original).
3. I say "at least not in a direct way" because one could possibly adopt a theistic interpretation of evolution, as we will see in Section 3.
4. The term "teleology" is ambiguous in English: it can mean both the *idea* that things have a purpose and the *phenomena* that this idea describes. To avoid confusion, I will use this term only in the former sense in this paper.
5. One can easily see the obvious parallelism between these three camps on biological teleology and three major positions in response to the "what next question" (Isserow, 2018) in metaethics—the question of what to do with our moral discourse if the moral error theory (e.g., Mackie, 1977) is the case. Indeed, the terminology I have adopted in the taxonomy above, as well as some of the discussion in this paper, is inspired by contemporary metaethics (e.g., Isserow, 2018; Joyce, 2005; see also Spencer, 2023 for an earlier use of the terms "teleological fictionalism" and "teleological eliminativism"). Notice, however, that there is an important difference between these corresponding positions in the two fields: whereas abolitionism, revisionism, and fictionalism in response to the moral error theory are all *prescriptive* theories about our moral discourse, teleological revisionism and fictionalism, as I mentioned above, can be both *descriptive* and *prescriptive*.
6. Perhaps the most prominent pre-Darwinian teleological fictionalist is Immanuel Kant (1987), who famously argued that natural purposiveness is not a constitutive principle of nature, but a regulative principle for understanding nature, which requires us to view organisms as if they were designed. See Ginsborg (2006) for details on Kant's biological teleology.
7. To the best of my knowledge, Roger Spencer (2023) [first published: 2019, March

1] was the first to use the term "teleological fictionalism" to refer to the view that biological teleology is a metaphor. Note that he rejects this view of teleology.

8. In this paper, I use the term "fictive" to mean "pertaining to fiction" and reserve the term "fictional" for the use in a narrower, technical sense introduced by Walton (1990), which we will see shortly.

9. It is worth noting that Lewens (2000) draws on the analysis of metaphor proposed by Donald Davidson (1978). Ruse (2000), by contrast, does not seem to make any explicit commitment to a particular view of metaphor.

10. Here, "to affirm" (something) simply means to make a positive, as opposed to a negative, statement.

11. The original example used by Joyce (2005) is that David, an error theorist about color, would deny color statements like "The grass is green" in critical contexts, even though he affirms these statements in 99 percent of his life.

12. Note that Walton (2005) explicitly denies that he is trying to propose a (unified) theory of metaphor. Nevertheless, it should be obvious from his writing that he is attempting to apply his account of prop-oriented make-believe to a number of instances of metaphor.

13. As Daniel Dennett (2017) writes, "Evolution by natural selection is not itself a designed thing, an agent with purposes, but it acts as if it were (it occupies the role vacated by the Intelligent Designer): it is a set of processes that 'find' and 'track' reasons for things to be arranged one way rather than another" (p. 36).

14. Consider, for example, cases in which a new adaptive mutation appears for the first time (see Garson, 2016: Ch. 3), or consider the "Swampman" thought experiment, in which a lightning strike on a dead tree in a swamp accidentally creates a perfect replica of a human being (Davidson, 1987). Biological traits in examples like these have no selection history in the past, but people might still naturally imagine that they exist for some purpose.

15. Lewens (2000) also argues that the use of teleological language in the writings of pre- and post-Darwinian biologists shows a remarkable continuity, and that this is another (*prima facie*) reason for thinking that the meaning of the former is identical to the latter (at least in many cases) (p. 101).

16. There may be other forms of psychological evidence for descriptive teleological fictionalism. For example, Mitsunari Yoshida, Iori Egawa, and Masaki Chiba recently conducted a questionnaire survey of individuals with a bachelor's degree or higher who are engaged in research in different areas of the biological sciences (see Yoshida et al., 2023). The purpose of the survey was to examine their attitudes toward different accounts of biological teleology as well as the mechanisms that might underlie their attitudes toward these accounts. Under the most natural interpretation of this study, subjects showed the strongest support for

the revisionist account, but also a non-negligible amount of support for the fictionalist account of biological teleology. This result is consistent with the view that descriptive teleological fictionalism is true at least in some, if not all, important classes of cases. I would also like to mention that this study was made possible by the generous support from the Philosophy of Science Society, Japan (Ishimoto Grant for Young Researchers).

17. This is not necessarily to say that the metaphor of biological teleology is absolutely *indispensable* to the study of natural selection and adaptation. For now, I remain neutral about whether it is *indispensable*. What I wish to convey is that this metaphor is *useful* for this type of research: it helps biologists focus their attention on the type of research questions that they might not have been interested in without the use of such a metaphor. Michael Ruse (2000), by contrast, takes a stronger view, arguing that the metaphor plays an essential heuristic role in the study of natural selection and adaptation.

18. This view is also called *hypothetical*, as opposed to *categorical*, fictionalism (Sauchelli, 2018). Sauchelli (2018) characterizes this view as a version of revolutionary fictionalism, but in my understanding it would be more accurate to characterize it as a version of prescriptive fictionalism.

19. In this connection, the question of whether our talk about God can be literal at all is also debated among philosophers of religion (see Peterson et al. 2013: Ch. 12).

References

Akiba, K. (2021). *The philosophy major's introduction to philosophy: Concepts and distinctions*. Taylor & Francis.

Allen, C., & Neal, J. (2020). Teleological notions in biology. In E. N. Zalta (Ed.), *The Stanford Encyclopedia of Philosophy* (Summer 2023 ed.). Retrieved from https://plato.stanford.edu/archives/sum2023/entries/teleology-biology/

Ayala, F. J. (1970). Teleological explanations in evolutionary biology. *Philosophy of Science*, 37, 1–15.

Barrett, J. L. (2000). Exploring the natural foundations of religion. *Trends in Cognitive Sciences*, 4, 29–34.

Davidson, D. (1978). What metaphors mean. *Critical Inquiry*, 5, 31–47.

Davidson, D. (1987). Knowing one's own mind. *Proceedings and Addresses of the American Philosophical Association*, 60, 441–458.

Davies, P. S. (2009). Conceptual conservatism: The case of normative functions. In U. Krohs & P. Kroes (Eds.), *Functions in biological and artificial worlds: Comparative philosophical perspectives* (pp. 127–146). MIT Press.

Dawkins, R. (1982). *The extended phenotype: The gene as the unit of selection*. Oxford

University Press.

Dennett, D. (1995). *Darwin's dangerous idea: Evolution and the meanings of life*. Penguin Books.

Dennett, D. (2017). *From bacteria to Bach and back: The evolution of minds*. W. W. Norton & Company.

Eklund, M. (2019). Fictionalism. In E. N. Zalta (Ed.), *The Stanford Encyclopedia of Philosophy* (Summer 2023 ed.). Retrieved from https://plato.stanford.edu/archives/sum2023/entries/fictionalism/

Evans, E. M. (2001). Cognitive and contextual factors in the emergence of diverse belief systems: Creation versus evolution. *Cognitive Psychology*, 42, 217–266.

Garson, J. (2016). *A critical overview of biological functions*. Springer.

González Galli, L., Pérez, G., & Gómez Galindo, A. (2020). The self-regulation of teleological thinking in natural selection learning. *Evolution: Education and Outreach*, 13 (6).

Ghiselin, M. T. (2005). The Darwinian revolution as viewed by a philosophical biologist. *Journal of the History of Biology*, 38, 123–36.

Ginsborg, H. (2006). Kant's biological teleology and its philosophical significance. In G. Bird (Ed.), *A companion to Kant* (pp. 455–469). Wiley-Blackwell.

Gould, S. J. (1980). *The panda's thumb: More reflections in natural history*. WW Norton & Company.

Hammann, M., & Nehm, R. (2020). Teleology and evolution education: Introduction to the special issue. *Evolution: Education and Outreach*, 13 (16), 1–5.

Hey, J. (2001). The mind of the species problem. *Trends in Ecology and Evolution*, 16, 326–329.

Isserow, J. (2018). *What to do when the world doesn't play along: Life after moral error theory* [Doctoral dissertation, The Australian National University].

Järnefelt, E., Canfield, C. F., & Kelemen, D. (2015). The divided mind of a disbeliever: Intuitive beliefs about nature as purposefully created among different groups of non-religious adults. *Cognition*, 140, 72–88.

Jay, C. (2014). The Kantian moral hazard argument for religious fictionalism. *International Journal for Philosophy of Religion*, 75 (3), 207–232.

Joyce, R. (2005). Moral fictionalism. In M. E. Kalderon (Ed.), *Fictionalism in metaphysics* (pp. 287–313). Oxford University Press.

Kampourakis, K. (2020). Why does it matter that many biology concepts are metaphors? In K. Kampourakis & T. Uller (Eds.), *Philosophy of science for biologists* (pp. 102–122). Cambridge University Press.

Kant, I. (1987). *Critique of judgment: Including the first introduction*. (W. S. Pluhar, Trans.). Hackett Publishing Company. (Original work published 1790)

Kelemen, D., & DiYanni, C. (2005). Intuitions about origins: Purpose and intelligent design in children's reasoning about nature. *Journal of Cognition and Development*, 6, 3–31.

Kelemen, D., Rottman, J., & Seston, R. (2013). Professional physical scientists display tenacious teleological tendencies: Purpose-based reasoning as a cognitive default. *Journal of Experimental Psychology: General*, 142(4), 1074–1083.

Kroon, F., Brock, S., & Mckeown-Green, J. (2019). *A critical introduction to fictionalism*. Bloomsbury Publishing.

Lewens, T. (2000). Function talk and the artefact model. *Studies in History and Philosophy of Biological and Biomedical Sciences*, 31, 95–111.

Lewis, D. (1978). Truth in fiction. *American Philosophical Quarterly*, 15(1), 37–46.

Lycan, W. G. (2008). *Philosophy of language: A contemporary introduction*. Routledge.

Mackie, J. L. (1977). *Ethics: Inventing right and wrong*. Penguin Books.

Millikan, R. G. (1989). In defense of proper functions. *Philosophy of Science*, 56, 288–302.

Millstein, R. L. (2021). Evolution. In E. N. Zalta (Ed.), *The Stanford Encyclopedia of Philosophy* (Summer 2023 ed.). Retrieved from https://plato.stanford.edu/archives/sum2023/entries/evolution/

Moran, R. (1989). Seeing and believing: Metaphor, image, and force. *Critical Inquiry*, 16(1), 87–112.

Neander, K. (1991). The teleological notion of a function. *Australasian Journal of Philosophy*, 69, 454–468.

Nerlich, B., Dingwall, R., & Clarke, D. D. (2002). The book of life: How the completion of the Human Genome Project was revealed to the public. *Health*, 6, 445–469.

Nissen, L. (1997). *Teleological language in the life sciences*. Rowman & Littlefield.

Peterson, M., Hasker, W., Reichenbach, B., & Basinger, D. (2013). *Reason & religious belief: An introduction to the philosophy of religion*. Oxford University Press.

Preston, B. (2009). Philosophical theories of artifact function. In A. Meijers (Ed.), *Philosophy of technology and engineering sciences* (pp. 213–233). Elsevier.

Ruse, M. (1981). *Is science sexist? And other problems in the biomedical sciences*. D. Reidel Publishing Company.

Ruse, M. (2000). Teleology: Yesterday, today, and tomorrow? *Studies in History and Philosophy of Biological and Biomedical Sciences*, 31, 213–232.

Ruse, M. (2001). *Can a Darwinian be a Christian? The relationship between science and religion*. Cambridge University Press.

Sauchelli, A. (2018). The will to make-believe: Religious fictionalism, religious beliefs, and the value of art. *Philosophy and Phenomenological Research*, 96, 620–635.

Schulte, P., & Neander, K. (2022). Teleological theories of mental content. In E. N. Zalta (Ed.), *The Stanford Encyclopedia of Philosophy* (Summer 2023 ed.). Retrieved from https://plato.stanford.edu/archives/sum2023/entries/content-teleological/

Scott, M., & Malcolm, F. (2018). Religious fictionalism. *Philosophy Compass*, 13, 1–11.

Sehon, S. (2010). Teleological explanation. In T. O'Connor & C. Sandis (Eds.), *A companion to the philosophy of action* (pp. 121–128). Wiley-Blackwell.

Sober, E. (2011). Evolution without naturalism. In J. L. Kvanvig (Ed.), *Oxford studies in philosophy of religion*, (Vol. 3) (pp. 187–221). Oxford University Press.

Spencer, R. (2023, August 4). *Purpose*. PLANTS, PEOPLE, PLANET: An Australian Perspective. Retrieved from https://plantspeopleplanet.au/purpose/ [First published: 2019, March 1]

Toon, A. (2016). Fictionalism and the folk. *The Monist*, 99, 280–295.

Walton, K. (1990). *Mimesis as make-believe: On the foundations of the representational arts*. Harvard University Press.

Walton, K. L. (2005). Metaphor and prop oriented make-believe. In M. E. Kalderon (Ed.), *Fictionalism in metaphysics* (pp. 65–87). Oxford University Press.

Werth, A., & Allchin, D. (2020). Teleology's long shadow. *Evolution: Education and Outreach*, 13(4), 1–11.

Whittemore, S. (2004). *The circulatory system*. Chelsea House Publishers.

Wright, L. (1976). *Teleological explanations: An etiological analysis of goals and functions*. University of California Press.

Yoshida, M., Egawa, I., & Chiba, M. (2023). Seibutsugaku kenkyūsha wa ikimono o dono yō ni torae, tankyū shite iru no ka?—Seibutsu ban mokutekiron kan shakudo no sakusei— [How researchers in the life sciences view biological teleology: A scale development study]. *Proceedings of the 65th Annual Meeting of the Japanese Association of Educational Psychology*, 260.

(The University of Tokyo)

科学哲学 56-2（2023）

書評論文

なぜ種性質ではなく種別概念が擁護されたのか
―横路佳幸『同一性と個体』を読んで―

大畑浩志

Abstract

In his recent book *Identity and Individuals*, Yoshiyuki Yokoro proposes a theory of identity based on sortal concepts. He acknowledges that identity is a simple concept and unanalyzable. However, it is not a futile task to ask how the concept of identity is linked to other concepts. This book aims to "elucidation" such identity, and the key concept in such an attempt is sortal concepts, such as cats and rivers. In my opinion, it is important that he regarded sortals as "concepts" rather than "properties". On the one hand, it shows the shortcomings of his metaphysical position, and on the other hand, it expresses his methodological "humility".

1. はじめに

　哲学者は，存在や時間や可能性について考える．だがそうした営みにおいて，少なくない哲学者ができることならば「そっとしておきたい」概念がひとつある．同一性である．たしかに同一性は，この世界のもっとも重要な概念のひとつだろう．目の前の大木の存在は，それが他の木々や鳥や虫と同一でないことと深くかかわっているに違いない．さらにそれは，自らと同一であるままに時間の流れの中で変化し，同一であるままに別の仕方でもありえたと言える．しかし，「すべてのものは自分自身とのみ同一であって，他のものとは異なる」というあまりに自明な事実の前では，同一性それ自体に何か謎があるとは思えない．個体の変化や傾向性について考えるとき，同一性という概念に絡め取られ，「そこには何かが隠されている」と悩んでしまわないように，同一性それ自体については沈黙せねばならないのではないか．

　横路佳幸の単著作『同一性と個体：種別概念に基づく統一理論に向けて』

2022 年 6 月 15 日投稿，2023 年 10 月 10 日再投稿，2023 年 12 月 18 日審査終了

は，そのような懸念を重々承知の上，一冊丸ごと同一性についての哲学を展開した野心的な著作である．横路は，同一性が単純かつ自明な概念であることをあっさりと認める．たしかに私たちは，特別な哲学的考察に着手することなく，ごく自然に個体の同一性を認識し，また「同じである」と発話しているだろう．しかし横路の見立てでは，こうした日常的な営みの背景には，同一性およびその他の概念から組織された，いくぶん込み入った概念ネットワークないし概念構造が存在している．さらにその概念ネットワークは，ときとしてもつれ，私たちに混乱を引き起こすこともある．したがって，同一性それ自体が還元ないし分析を受け付けない根本概念であったとしても，同一性と他の概念の連関を明らかにし，またもつれのある部分を丁寧に解きほぐしていくことは，十分に意義のある哲学的作業である．本書はこのような考えのもとで同一性の「解明」を目指すのだが，そこで鍵概念となるのが，人や猫や河川や彫像といった種別概念（sortal concept）である．横路によれば，「xとyが同一である」という同一性関係が成立するかどうかは，xとyが属する任意の種別概念F，ひいてはそれらが「同じF」であること（たとえば「同じ猫である」）の成立・不成立の観点から例外なくつねに説明可能である．種別概念を武器として，形而上学・言語哲学・認識論にまたがる「同一性と個体についての統一理論」を提示することが本書の目的となる．

　以下，本書の内容を簡潔に紹介したい．そしてそののち，私は本書に対してひとつの問いをぶつけてみたいと思う．それは「なぜ種性質ではなく種別概念が擁護されたのか」というものである．本書が重要視する「種」は，私たちの認識から独立に世界を特徴づける「性質」ではなく，私たちが世界を切り分けるカテゴリーとしての「概念」である．横路は，外的世界に種性質が存在するとは言わない．そうではなく，同一性の探究においては，私たちにあらかじめ与えられている概念構造の内部において，種別概念がもっとも重要な役割を果たすと，そう主張するのである[1]．私の考えでは，種性質ではなく種別概念が擁護されたという点は，一方で横路の形而上学的立場が抱える弱点の，他方で彼の方法論が持つある種の「謙虚さ」の源泉となっており，本書の読解において見過ごすことのできないポイントである[2]．（なお，以下の [ ] 内の章やページ数は，著者を明示していない場合すべて横路 [2021]への参照である．）

2. 本書の内容

　本書は序章を除いて全五章からなる．まず第一章では，同一性の解明に際して必要不可欠な種別概念について三つの前提が与えられる．（α）種別概念

の役割とは，個体に種別的同一性規準を与えることである．(β)「種別概念」に分類されるのは，実体的な種別概念の一部と制限的な種別概念の一部である．(γ) いかなる個体も何らかの種別概念に属する．さて，これらのうちもっとも重要な (α) について集中的にみてゆこう．まず (α) に現れる「種別的同一性」とは，個体 x と y および種別概念 F の間に成り立つ三項関係であり，「x と y は同じ F である」といった形式を持つ．「同じ人である」とか「同じ猫である」といった具合である．そして「種別的同一性規準」とは，ある特定の種に属する x と y の間にこうした種別的同一性が成り立つ条件を教えるものである．たとえば，「人である x と y が同じ人であるのは，x と y が同じ記憶を持つときでありかつそのときに限る」と述べれば，これは x と y が同じ人であるためのいわゆる「記憶説」的な種別的同一性規準となる[3]．ここでの「同じ記憶を持つ」のような，F に属する個体の種別的同一性を支える関係（規準関係）は，明らかに F それ自体が定めている．例をくわえると，河川という種に属する x と y が同じ河川であるための規準関係「同じ水源を持つ」は，河川という種別概念に特徴的なものだ．このように，種別的同一性規準（およびそこに現れる規準関係）は，種別概念の多様さに応じてさまざまな仕方で与えられる．ただし，種別的同一性規準はあくまで x と y が「同じ F である」ための規準であって，二項関係としての絶対的同一性には触れていない．もっとも横路は，種別的同一性と絶対的同一性を架橋する方向に進む．しかしとはいえ，それらの概念上の区別は本書にとってきわめて重要である．

　第二章では，同一性の形而上学が展開される．本章で横路は，(1) 同一性関係そのものは種別概念によって相対化されないが，しかしそれでいて，(2) 同一性関係は種別概念および種別的同一性の観点から例外なくつねに説明可能であるという議論を行う[4]．まず (1) は「同一性の絶対主義」であり，同一性の相対主義と対立する．以下では，同一性の相対主義を代表するピーター・ギーチの考えを，横路の整理に忠実な仕方で簡単に確認しておく．ギーチはまず，何らかの個体 x と y および種別概念 F と G について，x と y が「同じ F」であり G にも属し，かつそれらが「同じ G」ではないことがあると主張する．昨日の鴨川と今日の鴨川は「同じ河川」でありかつ両者は水分子の塊でもあるだろうが，それらは昨日と今日で異なる水分子からなるために「同じ水分子の塊」ではないといった具合だ．ただしこうした考え（[ch.2.5] の整理における「ロック的な相対主義」）は，あくまで「種別的同一性の相対性」を述べるものに過ぎず，同一性関係それ自体については何も語っていない．つまり，昨日の鴨川と今日の鴨川が端的に同一か否かについ

ては触れない．ギーチの立場がラディカルだとされるのは，ロック的な相対主義を推し進めた結果，彼が同一性関係それ自体の種別的な相対性に至ったからである [p.114]．ギーチによれば，一般に論理学者が想定するような単一で絶対的な同一性関係なるものは存在しない．「＝」で表現される同一性関係は不完全なものであって，それはつねに種別概念によって相対化された「$=_F$」や「$=_G$」のような形で理解せねばならない．したがって，「昨日の鴨川と今日の鴨川は同一か」という問いは，種別概念が明らかでない以上意味をなさない問いである．それらは「同じ河川」である一方で「同じ水分子の塊」ではない，ということは言える．しかし，ただ単に「同じである」あるいは「同じでない」ということは言えない．これは同一性についての一般的な理解と衝突するように思われるが，まぎれもなく同一性の相対主義の核心である．

　しかし横路は，種別概念を重視するにもかかわらず，というよりもむしろ種別概念を徹底的に重視するからこそ，上述したような相対主義を退ける．同一性の相対主義は，同じFでありながら同じGではない何か（いわば，種別的相対化を経る以前の実在の「底」にある何か）を「単一の個体」とみなすための最小限の絶対的同一性を措定せねばならない．また明らかに，こうした同一性はいかなる種別概念によっても説明できないという意味で「裸の同一性」である．そして，実在を恣意的に分節化しみだりに存在者を増やすのでなければ，こうした裸の同一性は宇宙にあまねく成立していると考えるべきであり，つまり相対主義の存在論は，それ自体としては分節化されない無定形の塊としての一元論となるだろう．横路はこのように相対主義を診断した上で，同一性は例外なく種別概念によって説明されねばならず，「裸の同一性」があってはならないという (2) の精神を維持するために，相対主義を否定する．相対主義に抗する横路は，あるひとつの個体が，異なる種別的同一性規準を与える複数の種別概念に属することを認めない．つまり，種別的同一性規準の違いは個体の違いと対応する．したがって，河川と水分子の塊は，たとえ時空領域を同じくしようとも数的に異なる個体である．種別的多元論と呼ばれるこうした存在論にしたがえば，同一性を漏れなく種別概念によって説明することができ，また絶対的同一性の否定という相対主義のショッキングな帰結にも陥らずに済む．「同じ水源を持つ」という規準関係にしたがう河川と，「同じ水素結合した水分子から成る」という規準関係にしたがう水分子の塊は，数的に異なる個体である．こうした存在論において，「河川としては同一でありながら水分子としては同一でない個体」などどこにも存在しない．こうして横路は，種別概念による同一性の説明を手放

すことなく，相対主義の隘路を回避する．

第三章は，「同一である」という表現の意味論を構築する．横路は，「昨日の鴨川は今日の鴨川と同一である」といった言明が，日常的な意味では真でありつつも，厳密な意味では（水分子の違いによって）偽であるという真理値の変動——いわゆる「バトラーの区別」——の擁護を試みる．その支柱は，カプラン意味論に求められる．カプラン意味論の特徴は，ある表現が持つ「意味内容（content）」と「意味特性（character）」を区別することにある [p. 223]．具体的に指標詞で考えると，「私」の意味特性は「当の文脈における発話者や書き手」という辞書的意味であり，その意味内容は「私」を発した具体的な個人——ジョー・バイデンや習近平といったような——である．つまり「私」をはじめとする指標詞は，意味特性そのものは固定的であるままに，そこに送り込まれる多様な文脈によって意味内容を変動させるような，文脈鋭敏性を持つ．しかし，ひとたび「私」が誰かを指してしまえば，つまり意味内容がいったん確定されてしまえば，その指示対象（外延）は時点や世界を通じて一定である．「私の背がもっと高かったなら」と述べるとき，「私」の指示対象は可能世界を通じて一定であることがわかる．つまり指標詞は，時点や世界といったいわゆる「値踏みの状況（circumstance of evaluation）」に関係なく単一の対象を指示し続けるという意味で直接指示的である．

横路はこうした議論を背景に，「同一である」という表現は「非指標的だが文脈鋭敏的」だと主張する [ch.3.7]．どういうことか．こうした同一性表現の意味内容は，二項的な同一性関係として固定されていて，これは文脈に左右されない．つまり「非指標的」である．他方で，値踏みの状況は同一性表現の外延（ないし同一性表現が用いられた言明の真理値）を変動させる．その状況が使用の文脈によって決定されるという意味で，同一性表現は「文脈鋭敏的」なのである．天候の変化によって，昨日発された「今雨が降っている」と今日発された「今雨が降っている」の真理値が変わるように，同一性言明の真理値は変わりうる．とはいえ，太郎が「昨日の鴨川は今日の鴨川と同一である」と発し，同時にそばにいる花子が「昨日の鴨川は今日の鴨川と同一でない」と発したならば，これらが共に真であることは「時点」と「世界」の観点からは説明できない．ここでいよいよ種別概念が登場する．横路は，値踏みの状況のパラメーターに種別概念を組み込むのである．上の二つの言明は，使用者の意図や会話の目的に関係する文脈から決まる種別概念が異なる限り，異なる仕方で値踏みされ，異なる真理値を持つ．太郎の言明に現れる「同一である」が河川を念頭に置いたものであり，花子の言明に

現れる「同一でない」が水分子の塊を念頭に置いたものであれば，彼女らの言明はどちらも真となる．（また，花子の言明に現れる「鴨川」という固有名は，実際には河川ではなく水分子の塊を指している．横路はこれを自身の「固有名の指標主義」から説明する [ch.3.12].）まとめると，同一性言明における「同じである」の意味内容は二項関係としての同一性に尽きる一方，その言明の真理値は値踏みされる種別概念によって変動する．こうした見方は，同一性関係そのものは単純かつ絶対的でありながら，その成立は多様な種別概念を通じてのみ捉えられるという第二章の主張とパラレルになっている．

　第四章は，同一性と個体についての認識論的問題が扱われる．私たちは日々，特定の個体を他の個体から識別し，それをひとかたまりのものとして選び出し，同定しまた再同定している．こうした「認知的個別化」はいかにしてなされるのか．私たちが個体の種別概念ひいては種別的同一性を正しく認識することによって，というのが横路の答えである．これは一見したところ，高すぎる要求のように見える．第一に私たちは，種別概念を誤認したまま個体を同定し，それについて思考できるように思える．たとえば，電気によって動く機械の羊型ロボットを本物の羊と思い込んだまま，それをペットにするようなケースが考えられる．第二に，近年の認知心理学上の研究成果は，種別概念が不明な個体に対しても，人がそれを特定し追尾できることを示唆している [ch.4.3].こうした批判に横路はどのように応答するのか．

　横路の基本方針にしたがえば，人がある個体の認知的な個別化に成功するならば，その人はかならず当の個体がどれであるかを知っている．横路は，「どれであるかの知識」が認知的個別化の要件となることをいくぶん規約的に取り決める [p.301].その上でそうした知識は，叙実的な (factive) 証拠によって正当化された，個体の同一性についての信念から形成されるとする．こうした見方に照らせば，第一に，電気羊を本物の羊と取り違える人は，当の個体の認知的個別化に成功していない．その人は，電気羊の同一性についての信念を，本物の羊の種別的同一性規準を伝えてしまうような誤った証拠——もこもこした白毛が生えていて二本の角を持つ——に基づいて正当化しようとしている．だがその正当化は，証拠の非叙実性から失敗に終わる [p.324].第二に，認知心理学上の研究成果によって，種別概念抜きの個体の追跡や単称的な指示が示唆されるとしても，これは横路の立場を脅かすものではない．個体の追跡や単称的な指示といった単純な作業は，理性的営みとして横路が取り決める「個別化」や「同定」とは差し当たり関係がなく，そうした作業が種別概念抜きで行われたとしても問題はない [p.330].本章に

おいて横路は，「個体の認知的個別化」という作業の範囲を理性的なところに限定し，その内実を厳密に明らかにすることによって，そこから締め出される作業を浮き彫りにしている．

　第五章は，ふたたび形而上学が論じられる．第二章では，種別的同一性の違いが個体の違いに直結するという見解が掲げられた．しかしこうした見解はいくつかの問題を抱える．なかでも大きな問題が，時空的一致物の発生の問題である．人とヒト，河川と水分子の塊，猫と動物組織の塊のような時空的一致物の間に何らかの深い結びつきがあることは明らかだ．これらのケースでは大まかにいって，前者は後者からできていると言えそうだが，その具体的な関係はどうなっているのか．

　横路は，時空的一致物の間には「構成関係」が成り立っていると主張する．ヒトから人が構成され，水分子の塊から河川が構成されている．もちろんこれらは数的に異なるから，構成関係は同一性関係ではない．さらに横路は，構成が生じる条件を明確化するため，アリストテレス由来の「質料形相論」を補助線とする．いわく，個体を構成するための単なる材料が質料である一方，そうした材料は何らかの意図や環境に規定されることによって種別概念が与えられ正真正銘の個体となるのだが，ここで質料を規定するものごとが形相である[ch.5.4]．たとえば，彫像を作りたいという制作者の意図や芸術文化の存在が形相となり，それが銅の塊という質料を規定することで，彫像という種別概念に属する銅像が構成される．すでに明らかなように，質料を引いて統一体を出力する関数的存在者としての形相と，種別概念それ自体は大きく異なるものである．

3．種別概念の問題とカント的謙虚さ

　形而上学・言語哲学・認識論にまたがる統一理論は，種別概念を中心に作られていた．しかし種別概念とはそもそも何なのだろう．それは横路の形而上学／存在論の根幹を成すがゆえに，私たちの認識から独立の存在者なのであれば議論はすっきりする．だが驚くべきことに横路は，主に第五章の後半において，そうした見方を切り捨てる．いわく，種別概念は私たちの関心の産物なのであり，人間中心的なものである．そもそも横路は，「私たちの概念構造のもっとも一般的な特色を明らかにする」ことを目指すピーター・ストローソンの「記述的形而上学（descriptive metaphysics）」を哲学的方法論として採用しており，種別概念の重要性を説く彼の哲学も，そうした方法論から導かれている[ch.2.3]．そしてそうした概念によって規定される同一性そのものもまた，じつは私たちの実践的な生活形式から不可分なのだと述べ

られる [ch. 5.9].

　種の人間中心性は，各章で展開される議論の中身にも深く入り込んでいる．たとえば，種別的多元論はゲリマンダー的な種別概念によって個体の数が爆発するという懸念に対しては，形相および種別概念の人間中心性から恣意的な個体が排除される [p.392]．また，水分子の塊から河川が，あるいはヒトから人が構成されるのであってその逆ではないのはなぜかという疑問に対しては，私たちにとって河川や人が水分子の塊やヒトよりも「顕性」な（すなわち，私たちがより注意や関心を向ける）種別概念であるからという応答がなされる [pp.386-8][5]．こうした人間中心性を認める横路は，とはいえけっして観念論者というわけではない．世界は私たちの認識から独立に存在する．しかし，「我々による解釈が与えられる以前から実在には輪郭線が備わっているという形而上学的描像は根本的にミスリーディングである．実在に引かれる輪郭線は，対象による心への作用と心による対象への概念化の双方を必要とする」[p. 396, n.135] のである．

　横路のこうした言葉は，慎重に受け取らねばならない．種別概念や形相は人間中心的なものであるという見解を素朴に受け取ると，世界は人類の誕生によってはじめて多元化されたのだと考えてしまう．すなわち，人類の誕生以前のこの世界は——相対主義が擁した「無定形の塊」と同様に——いっさい分たれることのない一元論的実在を成していて，深海魚も恐竜も「個体」としては存在していなかったのだ，と．さらに言えば，人類の誕生の偶然性に鑑みれば，人類が存在していなかったとすればあらゆる個体は存在しなかっただろう，という認めがたい帰結が導かれる．

　しかし横路は，人間が万物の祖であると考えているわけではない．横路は，人間は実在を「構築する」のではなく「解釈する」のであり，同一性関係は人間が見つけ出すものだと繰り返し訴えている [pp.395-7 and p.406]．さらに，そうした同一性関係の関係項として入力される個体は，それ自体として自律的に存在することも認めている [pp.406-10]．私が理解する限り，横路は次のような主張を行なっている．たとえば鴨川は，やはり人間の存在とは独立に鴨川として個別化され自律的に存在する．しかしその輪郭線は，私たち人間がある河川を鴨川としてまとめ上げ，またそれを鴨川として同一視し続ける日常的な実践と一致する仕方で引かれている．「対象による心への作用」と「心による対象への概念化」による共同作業は，そうした一致に結実する．

　しかし私は率直にいって，世界に住む諸個体が人の生活形式に沿った形で個体化されているという描像に疑問を抱かずにはいられない．人類の誕生は

偶然的事実である（少なくとも私はそう考えている）．この世界は人間を含まなかったかもしれない．だがそうした世界が，人間以外の個体を含むことは当然考えられる．そこでは私たちが見たこともないような生物や植物が繁殖しているかもしれず，そうした諸個体は，明らかに人間の関心とはかかわりなく個体化されているはずだ．しかし本書は，「いかなる個体も何らかの種別概念に属する」というテーゼを必然的な原理として掲げている [pp. 71-6]．人間のいない世界で，私たちにとってまったく馴染みのない生物や植物が，そのものたちにも無縁の人間的概念によってまとめ上げられるという見方は，私には受け入れがたい．

こうした問題意識を抱える私の目には，相対主義の存在論と横路が提唱する種別的多元論はどちらも，説明できない（ないし説明を求めることが意味をなさない）同一性あるいは一致に頼っているという点でイーブンであるように見える．相対主義の存在論は，たとえば同じ河川でありながら同じ水分子の塊ではないものを単一の個体とみなすための「最小限の絶対的同一性」が成り立つ塊的実在を要求していた．無定形の塊についての同一性は種別概念によっては説明不可能であり，横路はそうした不可能性を嫌って種別的多元論に向かった．種別的多元論はたしかに，あらゆる同一性関係を種別概念によって説明できるだろう．だがこちらは，多元的かつ自律的に存在する個体の輪郭が，人間中心的な種別概念によって見つけ出される個体の輪郭と一致する根拠を説明できない．そしてこうした説明不可能性は，いかなる分節化もなされていない一元論を根本に据える相対主義にとっては無縁の問題なのである．

じつは本書は最後の最後で，こうしたたぐいの困難に触れている．そこで横路は，カント哲学に対する有力な解釈のひとつである「二側面説（dual aspect view）」を引いて，自身の考えを整理している．いわく，私たちに現象する物が「現象」と「物自体」という二つのあり方を持つように，対象には，種別的に解釈されるあり方と，自らと同一なものとして自律的に存在するあり方がある．しかしこれらは，ひとつの対象の異なる側面である．しかるに，「それ自身で一意性を持ち自己個別化する対象と，我々の概念枠を通じて種別的に解釈される対象が同一かどうかを問うことは意味をなさない」[p. 409, n.142] のだと言われる．

しかし，自己個別化する対象のひとつのあり方として種別的側面があるのだとすれば，その側面についての探究が，概念ではなく実在それ自体に対するアプローチにつながると考えてなぜ悪いのだろうか．もしかすると横路の考えは，著名な二側面説支持者であるラングトン [Langton 1988] が提唱した

「カント的謙虚さ（Kantian humility）」を通じてよりよく理解できるかもしれない[6]. カント的謙虚さとは，大雑把に言えば，私たち認識主体は対象の内在的性質をけっして知ることができず，諸対象の関係的性質のみが現象として現れるというテーゼである．これを下敷きとして横路の立場を解釈すれば，私たちはFに属する個体xとyの同一性関係を知ることができるにもかかわらず，xとyの内在的性質を知ることができない，ということになろう．しかし私見では，xとyの間の規準関係の成立は，xとyの内在的性質から導かれる．猫のティブルスの同一性関係を考えたい．昨日のティブルスと今日のティブルスの間に「同じ生命を持つ」という規準関係が成り立つならば，それらは共に，特定の生命（他ならぬティブルスの生命）の維持に関わる生物学的な性質を持つだろう．そしてこうした性質は内在的なものに思われる．だとすれば，xとyの間の同一性関係の成立可否を知ることが可能でありながら，それらの内在的性質を知り得ないということは考えにくい．翻って，こうした内在的性質すらも実際のところ対象の現象的側面にすぎないとすれば，当の現象がティブルスという自律的な対象の一側面だと保証される根拠を問うことは，けっして「意味をなさない」わけではないだろう．

　種や形相に認められた人間中心性は，種別的多元論に問題を投げかける．また認識論や言語哲学にも無視できない影響を及ぼすことだろう．一例として，種別概念が私たちの関心の産物なのだとすれば，「どれであるかの知識」に関わる叙実的証拠も，「叙実的」という特徴づけに反して，むしろ私たちの共同体が規範的に定めるプラグマティックな性格を帯びるかもしれない[7]. こうした問題から逃れる手っ取り早い方策は，少なくとも自然物に対しては，その種別的同一性規準を与える「種」を人間から切り離して認めることだ．それは，自然科学によって発見される自然種——水素やウランといった物質種，虎や猫といった生物種を含む——に依拠したものかもしれない[8]. あるいは動物や植物といった，より包括的な存在論的カテゴリーかもしれない [cf. Lowe 2007]. いずれにせよ，そうした種性質ないし存在論的カテゴリーにしたがって，個体の輪郭と存在論的階層が与えられるのだとすれば，それは人間の関心や生活形式とはいっさい関係がない．もしかすると実在は，私たちの認識とは大きく異なる仕方で節目を与えられているのかもしれない．しかしそれを見つけ出すことが，自然科学と形而上学の仕事である[9].

　とはいえいかなる方法論が採用されようとも，それは個々の理論にとってプラスとマイナスの側面を持つに違いない．人間中心的な方法論は，本稿で論じたような問題を生じさせるにせよ，種別的多元論から恣意的な個体を排除したように，多くの福音もまたもたらしている．方法論と一階の理論のこ

うした関係性について横路は十分に自覚的だったはずだし，その上で彼は，概念の解明という手段で哲学を遂行した．横路の哲学の本質は，実在に対する徹底した謙虚さにある．ラングトンの「カント的謙虚さ」はあくまで存在と認識についてのテーゼであったが，横路にとってそれはもはや，個々の理論の，あるいは哲学者にとっての「徳」にまで昇華されているように思える．人間の生活形式や概念をどこまでも尊重し，それを壊さないように慎重に理論を組み立て，実在に対して徹底的に謙虚な横路の姿勢から，あなたはきっと哲学にとって大切な何かを感じとるはずである．

謝辞

本論文執筆にあたっては，高野保男氏および二名の匿名査読者から有益なコメントを数多くいただいた．この場を借りて厚くお礼申し上げる．

注

1. 補足すると，私の用語法において「概念xが擁護される」とは，私たちが世界を把握する概念構造のなかにxが備わっていることが主張され，xの重要性が説かれることを意味する．横路はまさにこうした意味において，種別概念を擁護している．
2. 本稿において「性質」という用語は，私たちの認識から独立に存在し，個体によって例化される抽象物を指しており，それ以上の含みはない．
3. より厳密には，人であるxとyが同じ記憶を持つことは，xとyが同じ人であることの必要十分条件であることにくわえて，そのことを形而上学的に基礎づける（ground）．人のケースだけではなく一般に，種別的同一性規準は基礎づけ関係のテーゼとして理解される [pp. 51-3]．
4. (1) と (2) のテーゼはそれぞれ，横路が擁護するテーゼ (FA) と (USI) を念頭に置いて導入している．(FA) は「フレーゲの分析」であり，「任意の個物xとyおよび種別概念Fについて，xとyが同じFであるのは，xとyが共にFに属しておりかつxとyが同一であるとき，そしてそのときに限る」と述べる [p.128]．(FA) が真だとすると，ロック的な相対主義や，それを土台とするギーチ的な相対主義は成立しない（詳細な議論については [ch.2.7] を参照のこと）．(USI) は「同一性の普遍的な種別論」であり，これは論理式で表現されてはおらず，「同一性関係の成立は種別概念の観点から例外なく説明可能である」という横路の哲学のスローガン（いくぶんややこしいことに，これはギーチ的な相対主義の主たる魅力でもあるとされる）を述べたものとなっている [p.133]．横路の立場の中心に (FA) と (USI) があることは，[ch.2.13] から容易に読み取ることができる．
5. 顕性種別概念は，もともとバーク [Burke 1994] が導入した概念である．横路

はこの概念に対して，いくぶん複雑な仕方で関わっている．そのことを簡単に
みておこう．バークは，ギーチ的な相対主義とは異なる形而上学を構想するな
かで，ある種が別の種に対して「顕性」である可能性を積極的に論じた．たと
えば，昨日の鴨川と今日の鴨川は，河川と水分子の塊の両方に属するが，水分
子の塊に対して河川の方が顕性であるがゆえに，河川の種別的同一性規準にの
みしたがうとされる．しかし横路は，こうしたバークの考えを退ける [ch.2.8]．
横路にすれば，異なる種別的同一性規準を与える二つ以上の種別概念に，ひと
つの個体が属することはそもそもありえない．つまり横路は，形而上学の道具
立てとしては顕性種別概念を認めない．しかし他方で，言語・認識上の特徴と
してそれを受け入れる [p.270 and p.337]．私たちが鴨川を眺めたとき，私たち
の関心は水分子の塊ではなく河川に集中する，といったように．以上が横路の
考えとなる．しかしここで私が注意を促しておきたいのは，横路は第二章では
バークの形而上学を批判して顕性種別概念を退けたにもかかわらず，「記述的
形而上学」という方法論を盾として，第五章ではそれをふたたび形而上学（構
成関係の非対称性の説明）に招き入れていることである．

6. たとえば [Stang 2022] において，ラングトンは二側面説の代表的支持者として
扱われている．

7. 言語哲学について言えば，固有名の指標主義は，固有名と種別概念を絡めす
ぎているように思われる．たとえば横路は，「ティブルスは仮に生命を失った
としても火葬されるまでは我々の前に存在し続ける」という発話を次のように
分析する．この発話における固有名「ティブルス」はかつて猫を構成していた
動物組織の塊を指し，またそれは火葬前の動物組織の塊と同一であるために，
当の発話は真である，と [p. 260]．しかし，この発話によって正しいことを言
おうとしたという意図は，固有名の指標主義を採用せずとも説明することがで
きる．かりに猫が，自らの生物学的な生命ではなく，動物組織の塊に宿る
「魂」のようなものによって同一性を与えられるのだとすれば，「ティブルス」
という固有名が猫のティブルス自体を指すとしても，当の発話は真である．発
話者がそのように考えていたとすれば，当人は正しいことを言おうとしてい
る．もちろん，猫の存続がその生命に依拠するのだとすれば——おそらくはそ
うだ——この発話は偽である．しかし，正しいことを言おうとしたという意図
を超えて，当の発話の真理を保証する理論を組み立てる動機が私には掴めない．

8. 自然種のすべてが，種別的同一性規準を与えるものとなる資格を得るわけで
はない．たとえば，水や金は自然種であるけれども個体の数え上げに貢献せ
ず，種別的同一性規準を与えない．[pp. 48-9, n.11] も参照．

9. 私がこのように述べるとき念頭に置いているのは，ロウ [Lowe 1998] やウィリ
アムソン [Williamson 2007] の哲学的方法論である．形而上学は概念の記述だと
する見方を，彼らは徹底的に退ける．ただし，ロウにとって形而上学は自然科
学では捉えることのできない世界の規範性を明らかにし，科学の営みを下支え
する探究である一方で，ウィリアムソンは哲学（形而上学）に特有の方法論を

疑い，哲学と科学は「同じことをしている」と考える点で，彼らの考えはまったく異なる.

文献

Burke, M. B. (1994). Preserving the principle of one object to a place: A novel account of the relations among objects, sorts, sortals, and persistence conditions. *Philosophy and Phenomenological Research*, 54, 591-624.

Langton, R. (1998) *Kantian Humility: Our Ignorance of Things in Themselves*. Oxford University Press.

Lowe, E. J. (1998) *The Possibility of Metaphysics: Substance, Identity, and Time*. Clarendon Press.

Lowe, E. J. (2007) Sortals and the Individuation of Objects. *Mind & Language*, 22, 514 -533.

Stang, N. F. (2022) Kant's Transcendental Idealism. In E. N. Zalta (Ed.), *Stanford Encyclopedia of Philosophy*, Spring 2022 Edition, https://plato.stanford.edu/archives/spr2022/entries/kant-transcendental-idealism/

Williamson, T. (2007) *The Philosophy of Philosophy*. Wiley-Blackwell.

横路佳幸 (2021)『同一性と個体：種別概念に基づく統一理論に向けて』．慶應義塾大学出版会.

（大阪公立大学）

書評

和泉悠著『悪い言語哲学入門』
（筑摩書房，2022 年刊行）

　本書は，悪い「言語哲学入門」であること，すなわち正統派とは違った言語哲学の入門書であることと，「悪い言語」哲学入門であること，すなわち悪口・嘘・総称文・ヘイトスピーチといった倫理的に悪い言語使用に関する哲学の入門書であること，この二つを目指している（28-31頁）．それゆえ本稿では，これら二つの切り口から本書について論じる．

　まずは，悪い「言語哲学入門」として．従来の，正統派の言語哲学の入門書は，入門書といえど，専門性が高く，分量もあった．本邦において言語哲学は敷居の高い学問であったと言えるだろう．そういった状況の中，『悪い言語哲学入門』は，「悪口と軽口は何が違うのか」といった，身近な問題を出発点としている．しかも新書であり，軽い読み物として手に取れるサイズである．『悪い言語哲学入門』は，言語哲学に対する入門のハードルをぐっと下げた点で素晴らしい．

　個人的な話になるが，哲学とは無関係の仕事を通じて偶然知り合った人と話しているとき，ひょんなきっかけで本書が話題に上がった．その知人は，哲学や言語学を専攻していたわけではなかった．それでも本書を通じて悪口に関する理解を深めつつ，言語哲学とはどのような分野かを知ることができ，面白かったと話していた．哲学専攻・言語学専攻以外の人々にも手に取りやすい言語哲学の本は稀有だ．本書の価値を改めて実感したエピソードだった．

　ただ，身近なテーマから始める哲学の入門書として見たとき，私は本書の構成に不満を覚える．各章の内容を簡単に整理すると，次のような形になる．

第1章　【問題の導入】悪口に関する哲学的問題の導入
第2章　【準備】専門的な分類の導入
第3章　【準備】意味に関する哲学概説
第4章　【実践】悪いあだ名を例に用いた，固有名の哲学・確定記述の哲学概説
第5章　【実践】悪口の哲学的分析
第6章　【実践】嘘・ミスリード・ブルシットの哲学的分析
第7章　【実践】総称文の哲学的分析
第8章　【実践】ヘイトスピーチの哲学的分析

　このように，本書において，哲学的な用語や立場の導入は2章や3章で行われ，悪い言語の分析は主に5章以降で行われるという形で，二つのパートは完全に分かれている．

私の不満はこの分離にある．読者はまず，何に役立つのか分からない状態で，いわば哲学の詰め込み教育を受けなければならない．実践編と準備編のページが離れていることから，結局，2章，3章で何のために導入されたのか判然としない説明も出てくる．たとえば，3章の命題に関する詳細な説明は，後の分析でどのように利用されているのだろうか．これでは，具体的な問題を切り口にするという利点を十分に生かしきれていないように思われる．

　もし具体的な問題を考える中で，必要な哲学的道具立てを適宜導入するという構成であったならば，読者は個々の哲学的用語や立場の重要性を実感しながら進めただろう．そのうえで，重要度・必要性の高い内容は本文で，＋αの内容はコラムで説明するように分けておけば，もっと読みやすくなったのではないだろうか．その方が，日常に潜む謎を丁寧に掘り下げる，哲学という営みを読者に体験させやすく，より優れた哲学の入門になったはずだ．もちろん，よりよい形がありえたという指摘は，本書の価値を減じるものではない．ただ私は，違う形での『悪い言語哲学入門』を読んでみたいと願わざるを得なかった．

　上記の構成を取るため，「悪い言語」哲学入門として，すなわち，悪い言語の分析に読者を誘う一冊として本書を読むとき，2章，3章，4章は読み飛ばしても構わないだろう．4章は一応実践編だが，この章は，事例として「あだ名」を利用しているものの，内容は固有名と確定記述の哲学への入門である．その後の章のように，悪い言語独自の分析を行っているわけではない．それゆえ，言語哲学自体には無関心という読者には，5章以降から読み始めることをお勧めしたい．

　5章以降でとりわけ興味深いのは，5章と8章である．本書の6章と7章は，『バッド・ランゲージ』の3章「真理をぞんざいに扱う」，4章「でたらめと根深いでたらめ」，8章「総称文と欠陥のある推論」との重複が多い．著者のオリジナリティがより発揮されているのは，本書の5章と8章である．残りの部分では，これら二つの章についてより詳細に見ていきたい．

　5章「それはあんたがしたことなんや――言語行為論」は，本書の白眉である．5章で著者は，1章で導入された悪口に関する哲学的問題に取り組む．5章のメインアイデアは，悪口とは他者をランクづける言語行為である，というものだ．たとえば，誰かをバカだと言うことは，ランクを下に位置付けることである．具体的には，バカランキングにおいてより劣位（よりバカな方）に・権力ランキングにおいてより劣位（より権力のない方）に，相手のランクを下に位置付けている（145-147頁）．著者はこの考えを提示した後，それを利用して，軽口と悪口の違いなど重要な違いまで説明して見せる（147-149頁）．5章では，それ自体直観に沿うのみならず，類似現象との違いまで示せる，非常に説得力のあるアイデアが提示されているのだ．

　ランクを下げる言語行為としての悪口というアイデアは，著者のその後の研究でより深く追求されている．著者の近著，『悪口ってなんだろう』を読めば，悪口の

より詳細な分析を読むことができる．興味深いのは，『悪い言語哲学入門』と『悪口ってなんだろう』では，問題となるランキングが多少異なる点だ．『悪い言語哲学入門』では，「バカ」という悪口の影響を被るのはバカランキングと権力ランキングであるとされていた．一般化するならば，(1) 悪口の際に用いられている言葉それ自体が導入するランキングと (2) 権力のランキングの二種類が想定されていた．他方，『悪口ってなんだろう』では，問題となるランキングは，「存在のランキング」，すなわち，われわれの置かれた状況等の違いを一切無視した，人物そのもののランキングだとされる．このように見解を変えた理由は何だろうか．権力のランキングとして理解した方が，悪口がなんらかコミュニティ内部の力関係と関わっていることを適切に理解できるのではないか．このように『悪い言語哲学入門』と『悪口ってなんだろう』を比較しつつ検討してみるのも面白い．

　最後に，8 章「ヘイトスピーチ」の章についてである．分析が多岐に渡っており，要約が難しい章だが，8 章での著者の主張は以下である．ヘイトスピーチは多くの場合，言論の名に値せず，擁護の対象ではない．それは，他の集団を劣位に置き，差別を助長する危険な言語使用であるため，取り締まらねばならない，と．

　この章は，本書全体を通じて，とりわけ論争的な章になっていると思う．私が特に反論したいのは，何が言論・スピーチの名に値するのかに関する著者の主張だ．著者は，ミルを引きつつ，言論とはそもそも真偽の問える意見でなければならず，多くのヘイトスピーチはそもそも言論ではないため擁護に値する言論ではありえないと論じる（208-209 頁）．

　しかし，これでは，自身の心情を表出するタイプの「言論」は擁護に値する言論にはなりえないということになってしまう．だが，たとえば，差別を受けた人がその苦しみを一人称的に吐露する語りもまた，真正な，擁護すべき言論ではないのだろうか．さらに，メタ倫理学には道徳的判断には真偽が適用できないと主張する一派も存在する．もしそうした立場が正しかったとすれば，道徳的判断を述べる主張は言論の名に値せず，それゆえ擁護に値する言論にはなりえないということになる[1]．

　さらに，そもそも，言論とは真偽の問える意見でなければならないという論争的な主張を擁護する意味はあるのだろうか．実際のところ，この主張は著者のヘイトスピーチ批判に役立たないように思われる．ヘイトスピーチには，真偽の問える主張もありふれている[2]．たとえば，「A 人は B 人から国を奪おうと陰謀を働いている」という主張は，真偽を問える意見だ．著者の挙げるヘイトスピーチの例「B 人は危険だ」も，真偽を問えるように思われる（199 頁）．言論の領域を狭めたところで，ヘイトスピーチの規制をめぐる問題は残る．

　以上より，私は，言論とはそもそも真偽の問える意見でなければならないという主張は無用の長物であり，捨てるべきだと思う．その主張を捨てたところで，本書の他の主張には影響が出ない．著者自身も認めるように，たとえヘイトスピーチが言論であり，その限りで擁護する一応の理由があるとしても，実害ゆえに規制すべ

き理由が上回っていると考えることは可能だ (209頁). ヘイトスピーチは, 他の集団を劣位に置き, 差別を助長する危険な言語使用である. 蒸気船やタンカーのような, 甚大な被害を生じさせうる道具の使用はときに制限されねばならないのと同様に, 言語の使用もときに制限されねばならない (211頁). 例の主張を捨てつつヘイトスピーチの規制を支持するとき, 言論の自由はときに制限されるべきだと主張することになる. おそらく著者がヘイトスピーチは言論ではないと主張したのは, この帰結を避けるためであろう. だが, 先に述べたように, 真偽の問える主張によるヘイトスピーチもありふれており, 例の主張によって言論の自由とヘイトスピーチの規制をめぐる葛藤を解消することはできない. 著者が今後どのような形でこの葛藤に向き合うのか, 一読者として注目したい.

このように, 本書は手頃な入門書として価値をもつだけではない. 悪口やヘイトスピーチといった悪い言語に関する著者自身のアイデアが展開されており, 哲学的に興味深い一冊となっている. 悪い言語について知りたい人は, 『バッド・ランゲージ』や『悪口ってなんだろう』と共に, 是非本書を手に取ってみてはいかがだろうか.

注
(1) この懸念に関しては, 江口聡も2022年2月のブログ記事で言及していた.
(2) 私はこの批判を木下頌子に負う. これは, 読書会で本稿を検討する際に木下が挙げた論点である.

参考文献
和泉 悠 (2023). 『悪口ってなんだろう』. 筑摩書房.
江口 聡 (2023). 「『悪い言語哲学入門』メモ (3) ヘイトスピーチはスピーチではない？」・<https://yonosuke.net/eguchi/archives/15313> (最終アクセス2023/11/13)

(中根杏樹)

書評

　　　　三木那由他著『会話を哲学する：
　　　　　　　　　　コミュニケーションとマニピュレーション』
　　　（光文社，2022 年刊行）

　著者は，三木（2019, 以下，前著）において，話し手の意図に基づいたコミュニケーション観（意図基盤意味論）を退け，話し手・聞き手の間の規範となる共同的コミットメントに基づいたコミュニケーションの哲学（共同性基盤意味論）を展開した．本書はいわばその応用編である．前著が専門書であったのに対し，本書は，哲学理論のテクニカルな細部を表に出さず，一般向けに書かれている．著者お気に入りの小説・漫画・映画など，様々なフィクション作品から取り上げられた一癖ある会話を，自らの理論に基づいて分析することを通して，会話とはどのような営みで，そこで我々は何をしているのかを，新たな角度から解明している．

　特筆すべきは，取り上げられた言葉のやり取りが，ただ議論の材料として理論のメスによって解剖されるのではなく，巧みな包丁さばきによって調理され，読者がより深く味わえるようになっていることである．この点で，単に会話という現象の哲学的理解を深めるだけでなく，「会話という営みの複雑さと面白さを描き出せたら」という著者の試みは成功している．

　もっとも，本書で検討される例は心温まるものばかりではなく，コミュニケーションにおける「暴力」が現れている深刻なものや倫理が問題となっているものも少なくない．そのような主題については，悪質なマニピュレーションにおいては，言ったと認めたことを言ったことの責任（言説的責任）を問うのではなく，一般的な行為の善悪の次元で倫理的責任を問うべきだ，と「おわりに」の直前で主張されているにとどまっている．詳しくは，同著者の『言葉の展望台』（講談社）において，フィクションや現実の言語使用を元に，著者の人格が一層前景化する形で語られている．

　本書の分析の核となるのは，副題になっているコミュニケーションとマニピュレーションという 2 つの概念で，第 1 章で詳しく導入されている．コミュニケーションとは，話し手が聞き手との間における共同的コミットメント（本書では一般向けに「約束事」と言われる）を形成し，積み重ねていくことであり，著者の共同性基盤意味論の中核を成す．第 2～5 章では，この概念が会話を十全に捉えるに際して肝要であることが様々な癖のある会話の分析—聞き手が既にわかっていることを言う場合，間違っていると話し手がわかっていることを言う場合，聞き手に伝わりようがないと思われることを言う場合，普通に伝わると思ったのに伝わらなかった場合—を通して説得力をもって示されている．

　前々号掲載の評者の論文（山泉 2023）の理論には，このような概念がなく，話し

手による聞き手の心の操作（*manipulation* の訳）を話し手の意味としている．そのような評者にとって，約束事の積み重ねというコミュニケーション観と，その背後にある人間観—「自分自身が本当に持っている心理とは別に，コミュニケーションの場面で規範を形成することによって，個人としての自分とは異なる生活を送ることができる」（前著 p. 241）—は極めて新鮮であった．一方，意図基盤意味論は，人間を単一の心理を抱え，どの場面でも本心にある意図や信念に従ってコミュニケーションを取るものと観がちである．もしかすると評者と著者の立場の相違は，この人間観の相違に起因するのかもしれない．評者には，「話し手の意味の成立から見て取れる限りでの話し手の心理や振る舞いと，話し手の現実の心理や個人的に過ごしている限りでの振る舞いを切り離」す（前著 p.243）ということが極めて難しい．また，集団的信念にリアリティを感じられず，個人的信念に反している信念が帰属させられる集団を代表して振る舞うことは私の能力を超えている（無理にやろうとすると猿真似になる）．そして，個人的信念に反していながらも属する集団の信念が規範となっていて，それに従うことが要求されることに耐え難い抑圧を感じる．前著と本書は，一人前の社会（に生きる）人とは何かをそんな評者に教えるものであった．

　評者の理論の源流の1つとなっているスコット＝フィリップス（2015/2021）が，グライスに端を発する意図の読み合いを基盤にした言語コミュニケーションの進化を論じていることを踏まえると，著者と評者のコミュニケーション観は次のように架橋できる可能性がある．まず，スコット＝フィリップスが論じるように，意図明示・推論的な非言語コミュニケーションが，再帰的読心能力の高度化の結果として発生し，透明性のある話し手の意味が可能になる（前著によれば不可能かもしれないが，前著の書評 Sakai and Kinoshita 2020: 212 も参照）．しかし，発生直後の段階では，共有されたコードがないため，話し手の意味が公共性を持たない．言語コード無しには，著者の言う「言い抜け」ができないほど頑健な共同的コミットメントは形成できないだろう（共同的コミットメントのような非個人的規範は，それへの違反の認定が可能にならなければ成立しないと考える）．その後に，言語コードが発生し，それが慣習化すると，明示的に述べたことについて言い抜けができなくなり，話し手の意味に公共性が生じる．これにより，話し手・聞き手の間における頑健な共同的コミットメントがもたらされる．意図明示・推論的な非言語コミュニケーションが可能になってからここに至るまでの間にも，広い意味での社会的知性の進化があったと考えられる．このようにして，共同性基盤の言語コミュニケーションへの進化があったというシナリオであり，評者の理論は，原初的段階を捉えたものということになる．

　第6・7章では，マニピュレーションが主役を演じる．以下では，この概念の規定について，少し検討したい．マニピュレーションは，「発言を通じて話し手が聞き手の心理や行動を操ろうとする営み」（p.4）と導入される．この時点ではまだ明

らかではないが，本格的に導入された後の次の注意書きを見ると，操る意図を聞き手に隠しているものも隠していないものもマニピュレーションに含まれることがわかる．

> *注意してほしいのは，マニピュレーションというのは必ずしも悪意を持って相手を意のままに操ろうというものばかりではないということです．とにかく相手の心理や行動に影響を与えようと目指して何かを発言しているならば，マニピュレーションが働いていると考えることにします．(pp.30-31)*

「素直に会話をしているだけのたいていの場合」，「コミュニケーションとマニピュレーションはぴったり対応している」とのことである (p. 33)．
　しかし，マニピュレーションが主題の章では，話し手が聞き手の心をどのように操作しようとしているか，その意図を聞き手に大っぴらにしていない例だけが扱われている．そして，以下の記述を見ても，意図明示的な聞き手の心の操作が本書のマニピュレーションに含まれるのかが判然としない．

> *コミュニケーションとマニピュレーションの区別はわかりにくいかもしれませんが，音声多重放送における主音声と副音声みたいな関係にあると思ってもらったらいいかもしれません．／コミュニケーションはいわば話し手がおこなった発言の表の姿であり，それによって話し手が堂々と伝達し，聞き手とのあいだの大っぴらな約束事としているような，主音声的なものとなっています．けれど話し手はしばしばその裏で，まったく別の企みのもとで聞き手にメッセージを届けたり，聞き手の心理や行動を一定の方向に導いたりもします．これがマニピュレーションなのです（略）(p. 211)*

また，「マニピュレーションが介在しない場合もある」(p. 34) とされていて，「聞き手に特に何か影響を与えるつもりはなく淡々と語っているような場合には，マニピュレーションなしのコミュニケーションもできそうです」(p.33) とも述べられている．しかし，共有の約束事を形成するためには，話し手が聞き手の言っていることを理解するという形で聞き手の心が話し手の狙い通りに変化する必要があり，「発言を通じて話し手が聞き手の心理や行動を操ろうとする営み」(p. 4) という意味でのマニピュレーションなしのコミュニケーションができるとは考え難い．
　本書のマニピュレーションは，話し手が聞き手の心を操作する意図の有無を問題としない広義のものと，コミュニケーションと対比され，その意図が隠されているものに限定された狭義のものに分かれるのだろうか．「マニピュレーションはコミュニケーションとはレベルが異なっている」(p. 276) とあることからもわかるように，「マニピュレーションのレベル」と言われる場合，対比された後者の意味で

あることが多いようだ．以下の記述もこの解釈を裏付ける：「本来ならマニピュレーションのレベルで収めたいような内容も，はっきりコミュニケーションのレベルで伝える」，「自分の状況からしてコミュニケーションのレベルに持ち込めないことをマニピュレーションのレベルで伝える」(p. 251)．この意味でのマニピュレーションは，本書の意味でのコミュニケーションと同時に成立するものではなかろう．約束事を形成する意図を隠して約束事を形成することはできないからである．

　評者にとっては以上のマニピュレーション概念の規定に関する疑問が残るが，意図基盤意味論に囚われている評者の理解が至らないだけかもしれない．いずれにせよ，本書は著者の哲学者としての力量とフィクション愛好家としての鑑賞眼が同時に発揮され，類のない魅力を放っている．あまり前景化されていないものの，取り上げられた多くの例は，グライス的コミュニケーション観ではうまく捉えられないとされるもので，著者の共同性基盤意味論の優位性を示すものとなっている．その点で，本書は論争の種を胚胎したものであり，コミュニケーションの哲学に関わる者達に，議論の材料を数多く提供するだろう．

参考文献

スコット＝フィリップス，T.（畔上耕介他訳），2015/2021，『なぜヒトだけが言葉を話せるのか』，東京大学出版会．

三木那由他，2019，『話し手の意味の心理性と公共性』，勁草書房．

山泉　実，2023，「名詞句の自由拡充再考―問題の指摘と指示参照ファイル理論による分析―」『科学哲学』55 (2)：89-110.

Sakai, Tomohiro and Kinoshita, Soichiro, 2020, To Commit, Not to Commit, or to Commit to Not Committing,『東京大学言語学論集』，42：195-222.

（山泉　実）

書評

源河亨著『「美味しい」とは何か：食からひもとく美学入門』
（中央公論新社，2022 年刊行）

　本書はこれまで心の哲学とそれを応用した美学研究に取り組んできた著者による美学の入門書である．美学入門書としての本書の独自性は次の 2 点にある．
　1. 飲食を例にして議論を進めている．
　2. 様々な分野（生理学，心理学，脳科学，言語学）の最新研究を参照している．
　「哲学以外の研究も参照した包括的な観点からの考察」（V 頁）を行うという本書の姿勢は，著者のこれまでの仕事（『感情の哲学入門講義』『悲しい曲の何が悲しいのか』など）から一貫したものである．
　各章の内容を簡潔にまとめておこう．第 1 章では，飲食経験が美学のれっきとした対象になることが論じられる．哲学の歴史において，味覚・嗅覚はしばしば低級な感覚とみなされ，その結果，味の経験は論じるに値しないものだと軽視されることも多かった．著者はこれに抗して，味が多感覚（マルチモーダル）知覚の対象であることを根拠に，飲食経験を美的経験とみなすことができると論じる．
　第 2 章と第 3 章では，おいしさの判断は主観的か客観的かという問題が考察される．おいしさの評価には主観的な側面と客観的な側面の両方がある，というのが著者の最終的な主張だ．
　第 4 章では，おいしさの判断への知識の影響が考察される．著者は，知識はなくとも食事を楽しむことはできるが知識があることで楽しみが増えると主張する．
　第 5 章では，味やおいしさの言語化が取り上げられる．章の前半では，言葉で表すことで味の経験がより豊かになると主張され，後半では「優しい味」という比喩の内実が考察される（個人的にはこの章が一番おもしろかった）．
　最後の第 6 章では，料理は芸術なのかという問題が検討される．こちらは芸術哲学をあつかう章といえよう．著者は「芸術」の評価的意味と記述的意味を区別した上で，料理は記述的意味での芸術になると主張する．

　本書の美点をいくつか挙げよう．第一の長所は，非常に読みやすい点だ．記述は簡潔で，事例も身近（かつ非エリート的）なものが多く，多くの人にとって理解しやすいものになっている．これは入門書としてとても大事な長所だ．本書は伝統的思想の紹介よりも現代の知見の紹介に重きを置いているが（本書には伝統的思想家からの引用はまったくない），本書の読みやすさは，思想史にほとんど踏み込まないという方針が成功している点でもあるだろう．
　もう一つの長所は，幅広い分野の新しい知見を学べる点である．本書で紹介される現代の多様な研究は，議論に説得力を与えると同時に，食の研究の進展と幅広さ

を教えてくれる．話題が広いことで，本書は哲学・思想分野以外の人に美学的な考え方を紹介し知見を接続するという「橋渡し」的役割も果たせる本になっている．本書は入門書としてだけでなく，紹介書としてもおすすめできる本だ．

こうした長所がある一方で，本書には問題点もある．本書は「飲食物は美的な評価の対象となる」「料理は芸術だ」といったチャレンジングな主張を目標に掲げているが，あつかう「美的経験」「芸術」の範囲を極端に広げているため，いくつかの点で議論が不十分になってしまっている．以下，第1章と第6章の議論を見ながら，この点を示そう．

第1章では「飲食物が美的評価の対象となる」という主張を擁護するために，味経験がマルチモーダルな経験であることが示される．これにより著者は，味覚・嗅覚・触覚を低級感覚とみなしていた（いわば知性を重んじる）伝統的見解から，自説を守ろうとするのである．しかしその議論の進め方にはいくつかの問題がある．先に問題点を簡潔に指摘し，それらがどう結びついているかを説明しよう．

問題点は，(1) なぜ味経験が美的経験になるかの積極的な理由が最後まで述べられない，(2) どのような味経験までを美的経験の範囲に入れようとしているのかが不明瞭，(3) 論敵の動機を掘り下げていない，の3つである．

味経験に知識や視覚・聴覚が複合的に関わっていることを示すことで，「味には知性や視覚が関わっていない」という伝統的反論を退ける——これが著者の戦略であり，その作業は成功している．その点はよい．しかし著者はそこから進んで，なぜ味経験が美的経験になるかの積極的な理由を最後まではっきり述べていない．仮に知性や視覚・聴覚の関わりが美的経験の必要条件になるとしても，それらは十分条件ではないのだから，まだ著者の作業だけでは「味経験が美的経験になること」は示されないはずである．何より，日常的な味経験のほとんどには知識や視覚・聴覚が関わっているのだ．著者はそのすべてが美的経験だとは言いたくないだろうから，味経験を美的経験にするためにはさらに何らかの基準を立てなければならない．

しかしここで，「ではどんな基準を追加すべきなのか」を考えようとすると，著者の目標の不明瞭さが際立ってくる．本書では，味の美的経験として著者がどの範囲までを考えているのかがよくわからないのである．高級料理などから得られるいわゆる「美味」経験を美的経験として説明したいのか，それともポテトチップスを食べてパリパリ感じる程度の経験までも美的経験の範囲に入れたいのか（あつかわれる事例を見る限り，著者は後者の立場を取っているように見える）．

しかし伝統的論者たちが美的経験として説明しようとしていたのは，ある程度高度な反省的判断力が関わる（そしてそこからある種の真理に到達できるような）経験だったし，伝統的議論の裏側には，そうした特殊かつ意味深い経験をただの快経験とは別物のものとして，（そしてうがった見方をすれば，高級階層の者たちが時間と労力を費やすに値する）経験として位置づけたいというモチベーションがあっ

たはずだ．伝統的な論者たちは，野菜のパリパリした感覚がどれだけ快適であっても，それを美的経験には入れなかったし，入れたくもなかっただろう．

　おそらく著者は，こうした伝統的論者のモチベーションにはそもそも賛同しないのだろう．著者は美的経験の範囲を積極的に拡張しようとする立場を採っている（その反エリート主義的な姿勢は私も支持したい）．しかし本書には，論敵との間にこうしたモチベーションの違いがあることをはっきり明示し，さらにそのモチベーションを正当化する作業が欠けている（これでは，勝手にゴールポストを動かして勝利宣言をするタイプの議論のようにも読めてしまう）．この論駁作業の不十分さは，思想史に手を付けないという本書の方針がもたらしているひとつのデメリットであるように思われた．

　次に第6章の議論を見よう．第6章では，料理は芸術かという問題が扱われる．著者はここでも「小腹が空いて食べるインスタントラーメンなど，日常的に口にする機会が多い料理も芸術であると主張したい」（168頁）とチャレンジングな目標を掲げている．著者が目指す「芸術」概念は，伝統的な定義論の論者たちが求めていたものからすれば，極端に広いものだ．著者自身，この目標が常識外れなものであることを認めている．

　実のところ，著者自身がこの目的をどの程度まで達成できていると考えているのかはあまりはっきりしない．著者は絵画やダンスと同じ領域にあるものとして料理を語ろうとしているが，最終的には「口ずさむ歌と同じくらいには芸術的なもの」という主張にとどまっている．カップラーメンが日常的に口ずさむ歌と同じようなものだと仮に示せたとして，それは絵画と同じものだと示せたことになるのだろうか．ここは正直良く分からなかった．以下では，その不明瞭さを念頭に置きつつ，批判を行っていく．

　著者の戦略は (1)「料理は芸術ではない」とする理由の不当性を示す，(2) 芸術と認められるものと料理との間に重要な共通点があることを示す，の2つである．各戦略の内実についてはあとで検討するとして，先にこのアプローチについていくつか述べておこう．

　著者自身ははっきり述べてはいないが，著者が第6章で取り組んでいるのは，個別料理レベルの議論ではなく芸術形式レベルの議論である．つまり著者は特定の料理についてそれが芸術だと言おうとしているのではなく，料理という技法形式が映画や絵画と同じレベルで芸術形式の一種となる，と主張しようとしているわけだ．近年の議論の進展をふまえて言えば，著者がここであつかっているのは「ある種kが芸術種 (art-kind) になるのはどういう条件が満たされたときか」という問題である．

　（なお私としては，著者はさらに「同様の素材をつかっている産物のうち，なぜ一方が芸術になりもう一方は芸術にならないのか」という問題 (Lopes (2014) はこ

れをコーヒーマグ問題と呼んだ）に取り組む必要があると思うのだが，著者はその問題についてはまったく触れていない．）

　芸術種の成立要件の問題に取り組む文献は近年いくつかあるが（ステッカー（2010, Chap.13），松永（2018，第3章），Xhignesse（2020）），それらに概ね共通しているのは「そのカテゴリーの物品に対して，批評の慣習や価値づけの制度が整っていること」を基準とするという方針だ．これは芸術種の制度論と言える．

　源河自身は「制度」という語を用いてはいないが，「文化」という語を使って似たような話をしてはいる．「料理も絵画も，前の世代から手法や概念を引き継ぎ，それにしたがって前の世代と似たようなものを作ったり，引き継いだ枠組みからあえて外れるものが作られたりするのである」（195頁）．著者はここで，料理と既存の芸術種との間にある共通点をひとつ提示しているといえよう．

　しかしここでも，著者の出す基準はあまりに多くのものを含み込めるものにしかなっていない．駅の注意書き，愛の告白，挨拶・謝罪の仕方など，文化的継承がなされる技法・産物あっても芸術でないものはたくさんある．「文化的継承がある」という基準だけでは，芸術種を切り分けるには不十分なのだ．著者の目標を達成するには，数ある文化種の中から芸術種を選び出す基準を示さねばならない．

　著者の議論にはもう一つの不十分な点がある．カップラーメンを芸術ではないとする阻却理由を退けるところで，料理でも意味や感情を表現できると著者は論じているが，料理に関しては「小説や絵画と比べて深遠な意味・感情を表現できないし，複雑な構造ももたない」という反論がありうるのだ．つまりこれは，能力はあるが不足しているという批判である（たとえばTelfer（2007）は料理はせいぜいマイナーアートにしかならない，と主張している）．こうした意見に反論するには，深遠な意味や複雑な構造を示している料理の具体例を提示するという戦略がありうるが，日常的に食べるカップラーメンでその役割を果たせるだろうか．著者の意見を聞いてみたいところである（おそらく著者としては，ほぼすべての文化品はゆるい意味で芸術だ，と言いたいのだと思うが）．

　ここで，定議論と動機との関係という点から一言述べておきたい．私は文化物の定議論は動機の提示とセットで行われるべきだし，提案される理論はその動機に照らして評価・査定されるべきだと考えている．芸術の定義であれば，芸術とそれ以外をはっきり分けたい人（税関職員）と，芸術とその他の活動の類似点を示したい人（美術教育者）とでは，求める定義がかなり異なるからだ．どういう動機で定義を求めるかによって，どういう理論を良しとするかは変わるのである．

　著者は章の冒頭で「芸術とは何なのかをあらためて考えさせたい」という動機を述べてはいる．だが，これはせいぜい執筆上の動機でしかない．なぜ私たち読者がその芸術概念を採用せねばならないのか，そんなに幅広い芸術概念を採用して何が嬉しいのか，という点までは著者は説明していないのである．

　「芸術について考えさせる」という目標は，本書はある程度達成できてはいるだ

ろう．とはいえ，非常に多くのものを含み込める芸術概念を提示しした結果，そこから出てくる芸術概念は中身が薄い，そして膨大な領域に適用できるものになってしまっている．本書の議論は結局，芸術っぽいものと芸術との違いをうまく説明するまでには至っていない．

　以上の批判点をまとめると，第1章，第6章の議論に足りないのはそのチャレンジングな目標を支える動機についての説明・正当化である．伝統的論者たちの意見を批判・論駁したいのであれば本書の作業はまだ不十分だし，伝統的論者とは別の動機から「美的経験」「芸術」の別の意味・用法を提示しようとしているのであれば，その点をはっきり明示してほしかった．その配慮があれば，本書はさらによい美学入門書になっていただろう．

参考文献

Lopes, Dominic McIver. 2014. *Beyond Art*. Oxford University Press.

Stecker, Robert. 2010. *Aesthetics and the Philosophy of Art: An Introduction*. 2nd ed. Rowman & Littlefield. (ロバート・ステッカー『分析美学入門』森功次訳，勁草書房，2013年)

Telfer, Elizabeth. 2007. "Food as Art" in Ridley, Aaron & Neill, Alex (eds.) *Arguing about Art* (3rd ed.). Routledge.

Xhignesse, Michel Antoine. 2020. "What Makes a Kind an Art-Kind?" *British Journal of Aesthetics* 60(4): 471–88.

松永伸司『ビデオゲームの美学』慶應義塾大学出版会，2018年

（森　功次）

書評

金杉武司著『哲学するってどんなこと？』
（筑摩書房，2022 年刊行）

　本書は，現在の分析哲学の知見を踏まえる観点から，哲学という学問の本性や方法論，宗教や科学との違い，哲学的探究に際して留意すべき点などを，初心者に向けて解説した入門書である．文章のわかりやすさ，取り上げられるトピックの豊富さ，著者自身の見解をはっきり提示し，その明確化と擁護に向けて一歩一歩進んでいく実直で堅実なスタイル等々の点から，初学者にも，また初学者に哲学を教える側の人たちにも，強く勧めたい一冊である．実際，私はこれまで哲学や倫理学関連の授業で折に触れ本書を紹介したり，本書の一部をディスカッションの題材にしたりしてきたが，その経験からも，平易でなおかつ中身の詰まった貴重な入門書だと感じている．学問的水準を保ちつつ初心者に手を差し伸べる本書のような入門書の存在は，初学者にとっても，教える側にとっても大きな恵みである．

　本書を通読することは本誌の読者にとって難しくないだろうが，いちおう各部の内容を簡単にまとめておこう．

　まず，「はじめに」では，著者自身による哲学の定義が提示される．その定義とは，「私たちの生の土台や前提となっている基本的なものごとの本質が何であるかを論理的に考えること」というものである（p.10）．こう定義された哲学の実像——それは「哲学に答えはない」という一般に流布しているイメージとは大きく異なると著者は言う——をより具体的に描き出すことが，本書全体の目標とされる．

　続く第 1 部（第 1〜3 章）では，ものごとの「本質」を解明する方法として，ものごとの必要十分条件を探求するやり方が紹介される．加えて，本質を解明する際は，当該のものごとの内在的な特徴だけでなく，関係的な特徴にも着目すべきであることや，また「X とは何か」という茫漠とした「大きな問い」を，取り組みが可能なより「小さな問い」へと置き換える手法についても解説される．これらの論点が，幸福や芸術の本質，時間の不可逆性といった具体的な哲学的問題に即して解説されており，読者は多様な哲学的トピックに触れつつ，哲学の方法論について学ぶことができるようになっている．

　第 2 部（第 4〜6 章）では，哲学的探究に欠かせない「思考実験」の役割や意義が解説される．そのうえで，思考実験につきまとう危険性——ほんとうは可能ではない「可能性」を想定してしまう危険性や，本来取りうるはずの選択肢を排除してしまう危険性——についても説明される．ここでも，中国語の部屋や，人格の同一性をめぐる思考実験，トロッコ問題など，多様なトピックが触れられており，思考実験とは何かというメタ的な関心だけでなく，哲学的・倫理的問題そのものへの関心をも喚起する内容となっている．

第3部（第7〜10章）では，哲学は宗教や科学とどう違うのかが論じられる．この問いに答えるために，「反証可能性」「前進的／退行的な探求プログラム」といった科学哲学のトピックや，哲学と常識の関わり，懐疑論，等々の多様な話題が取り上げられ，それらを踏まえて著者の見解が示される．それによると，一方で哲学は，科学と同様に——そして宗教とは違い——，真理の解明を目指す<u>知的</u>活動であることを本質とする前進的な探求プログラムである．しかし他方で哲学は，科学の前提をも問い直す姿勢や，一般性へと向かう傾向によって科学とも異なるとされる．

　第4部（第11，12章）では，まず「哲学に答えはない」という一般的な（哲学の実像に反すると著者の考える）イメージを後押しする代表的な立場として，道徳相対主義と，それを支持する論証が取り上げられる．道徳に関わる人々の意見の不一致から相対主義を導く論証に対する「批判」，また相対主義そのものに対する「異論」が提示され，さらにそれらをめぐってどのような議論がありうるかが検討される．そして以上を踏まえ，最終的に，「哲学は誰もが同意できる一つの客観的な答えを求めて——仮にそのような答えがないというのであれば，なぜそうなのかに関する誰もが納得できる答えを求めて——なされるものだ」という著者自身の哲学観が提示される．

　以上のような著者の哲学観や，それを支える個々の主張，議論は，もちろん（後でも述べるように）専門家が満場一致で同意するものではない．しかし，それらが指し示す方向性は（同意するにせよ，しないにせよ）現代の哲学において重要な位置を占めていると言えるだろうし，また本書が哲学的な問題や議論の豊富な実例を挙げつつ描き出す哲学のありようは，現在の多くの（分析的伝統に連なる）哲学者の実践とかなりの程度合致しているように思われる．それゆえ，本書は，哲学に対する漠然としたイメージと，今まさに活動中の専門家たちによる哲学の実践とのギャップを埋めるものとして，冒頭でも述べたように，多くの人の助けとなるに違いない．ということで，私がまずもって強調したいのは，多くの方々にこの本をお勧めしたいということと，そしてついでにこの場を借りて，私自身すでに本書を利用させてもらっていることについて，著者の金杉氏にお礼を言いたいということである．しかし，こう言ったからといって，もちろん私は本書について隅から隅まで全面的に納得したというわけではない．そこで，以下では，本書を読んで気になった点や感じたことなどを3点述べることにする．

　まず，第2部第6章のトロッコ問題をめぐる議論に関して，私はこの箇所を大いに楽しんで読んだ一方で（ここは本書を通じて私が最も面白いと思った箇所の一つである），少しばかり腑に落ちない点も感じた．著者は，トロッコ問題における「1人の生存権を守るか，5人の命を救うか」（「権利論に従うか，功利主義に従うか」）という二者択一の設定は，「善悪の本質とは，複数の，ときに相容れない特徴が並列する多元的なものだ」という「道徳的多元論」という選択肢を不当に覆い隠

すものだと主張し，思考実験の偏った設定が可能な立場を排除する危険性について指摘する（pp.118-119）．私は思考実験の危険性という一般的な論点については納得する一方で，しかし，トロッコ問題の二者択一の設定に関して言えば，それは（確かに現実味のうすい不自然な設定かもしれないが），むしろ，道徳的多元論の洞察やその説得力を理解する助けになると言えるのではないかとも思った．というのも，「どちらか一方しか選べないのに，どちらも捨てがたく選びようがない」という究極的なケースについて考えることを通じて，善悪には，一つの物差しで測ることのできないような互いに異質な側面があるという考えのポイントや説得力を見てとることができるようにも思われるからである．（実際，私はトロッコ問題に思いをめぐらせたうえで，この問題に対する正しい答えは「どちらも選べない」ではないかという著者の指摘を読むことを通じて，多元論のポイントをよく理解できたように感じた．）

　確かに，トロッコ問題をめぐる議論の中で，多元論が取り上げられることは少ないかもしれない．しかし，それは元来この立場が見落とされがちな立場だからであって，トロッコ問題の設定がそうさせているわけではないのではないか．以上は細かな論点かもしれないが，著者に尋ねてみたいと思ったこととして記しておく．

　次に——これは著者の主張や議論に対する疑問ではなく，本書を教育的な目的のために用いる際に問題となりうる点だが——，第3部は初学者が通読し理解するには少し難しいかもしれないと感じた．先述のように，ここは宗教や科学と哲学の違いを論じた箇所だが，そこで取り上げられるトピックは多岐にわたっており，その中には初学者にとってけっこうヘビーかもしれないものも含まれている（特に科学哲学関連のトピックの中にはそう思われるものがある）．もちろん，読者がこうした豊富な話題に触れ，チャレンジできるのはよいことである．しかし，これらのトピックについて（ほぼ）初めて触れるという段階の読者にとっては，この箇所を十分に理解し，著者が描き出す哲学特有の（科学や宗教と異なる）あり方を，納得感を持って把握するのは少々困難かもしれない．

　この点に関連して，私が理解した限りでは，この箇所のいわば「裏のテーマ」となっているのは「哲学と常識の関係」のように思われる．すなわち，「まっとうな哲学は常識をまるごと疑うような極端な懐疑論に与するのではなく，むしろ常識を土台として行われる」とか，「哲学理論はデータとしての常識に最良の説明を与えようとするものだ」といった論点が，宗教や科学との違いに並ぶ，この箇所のもう一つの（やや埋もれ気味な）目玉となっているようにみえるのである．常識と哲学の関わりをめぐるこれらのポイントは，それらだけで十分強調に値するものであろう．そこで，本書をもとに講義を組み立てるような場合には，まずは「哲学と常識」のような項目を先に立てて，これらの話題についてひとまずまとめて解説してしまってから，宗教や科学との違いに移る，というようなプランを考えてみるのも一つの手かもしれない．

最後に——本書のねらいやサイズを考えれば当然のことであり，ないものねだり
のコメントになってしまうのだが——，本書で表明された著書の見解は，一専門家
が初心者に向けて大まかに描き出した方針として意義深いものである一方で，本格
的な哲学的吟味の対象として見るならば，（本書から見て取れる限りでは）今のと
ころ堅固な議論によって擁護されているとは言えないし，また十分な理論的内実を
伴った形で展開されているとも言えないであろう，という点を付け加えておきた
い．たとえば，著者の見解によれば，さまざまな事象には何らかの「本質」があ
り，哲学はそれらの本質に関わる客観的な答え，すなわち「客観的真理」を明らか
にすることを目指しているということになる．しかし，さまざまな事物——たとえ
ば，自然種や人間など——の本質として，著者は具体的にどのようなものを想定
し，そしていかなる根拠に基づいてそれらの本質が存在する（と言える見込みがあ
る）と考えているのだろうか．あるいはまた，たとえば，道徳相対主義に反論し，
道徳に関する「客観的真理」を擁護する際，著者はそれらの真理をどのような本性
をもつものと考えているのだろうか．本書が描く大まかな方針が理論的実質と説得
力を伴った有力な説となるには，こうしたより具体的な問題への取り組みが不可欠
であろう．
　本書で示された著者の哲学観や，そこに含まれる鍵となる諸概念は，現代の哲学
において決して奇異なものではない．しかし同時に，専門家なら誰もが同意するも
のでもやはりなく，さらなる発展や擁護を必要としている．それゆえ，すでにある
程度哲学に通じている読者や，また本書を通じて哲学入門を果たした読者は，本書
で論じられた事柄のさらに「その先」や「その根底」について知りたいと思わずに
はいられないだろう．これらについては，金杉氏の今後の著作の中で明らかにされ
ていくことを楽しみにしたい．

（小草　泰）

書評

野矢茂樹著『ウィトゲンシュタイン『哲学探究』という戦い』
（岩波書店，2022年刊行）

　一般に，何と戦っているかがわからない哲学書や論文を読むことにはたいへんな苦痛が伴う．その点で『哲学探究』（以下『探究』）の読書経験の「不愉快さ」は抜きん出ている．評者はウィトゲンシュタイン研究を専門としているが，非常に恥ずかしいことに，規則のパラドクスの議論が何をしているのか「分かった」という感触をどうにも得ることができないでいる．授業で規則のパラドクスを解説しようとしても——とおりいっぺんの説明はできるかもしれないが——，実感をこめることはおそらくできないだろう．その原因はそもそもウィトゲンシュタインが戦っている「敵」の姿がピンと来ない，あるいは敵が罹っている「病気」に私が罹りきれていないことにあると思う．

　『思想2023年1月号』（岩波書店）に掲載された「ウィトゲンシュタインを読むとはどういうことか」討議（参加者は鬼界彰夫，野矢茂樹，山田圭一，古田徹也の四名）において野矢は『ウィトゲンシュタイン『哲学探究』という戦い』（以下『戦い』）の執筆の際にもっとも配慮したのは，読者をしっかりと「病気」にさせること，ウィトゲンシュタインが戦っている相手が手強いものだという実感を読者に持ってもらうことだと述べている（12頁）．そのことばどおり『戦い』は，かれが戦っている相手をしっかりと描写しつつ——それでいてかれの「楽屋」に入ることもテキストを「つまみ食い」することもせずに——『探究』のテキストを虚心坦懐に読んでいこうとする．『探究』がウィトゲンシュタインの戦いの記録だとすれば，『戦い』はそうした戦いの書と野矢との戦いの記録でもある．

　『戦い』において野矢は，次のふたつのリマークに『探究』の思想の核となるものを見出している．一つ目が「規則は道標のようにそこにある」（『探究』85節）である．これは同書で繰り返し言及される．二つ目が「言葉はただ生の流れの中でのみ意味をもつ」（『ラスト・ライティングス』913節）である．以下では『戦い』を便宜的に三つのパートに分け，この二つのリマークを中心にして各パートの内容をおおまかに振り返ることにする．

　議論は基本的には『探究』のテキストに沿って進む（ただし「心理学の哲学——断片」，旧称『探究』第二部に関する議論は含まれていない）．第1章「語は対象の名前か」から第4章「本質の探究からの決別」までは，『探究』のパートⅠ「言語と哲学——新しい言語像と新しい哲学像の提示」（1-133節）に相当する（鬼界彰夫訳『哲学探究』（講談社，2020年）に依拠，以下同様）．第4章に，解釈の核となる「規則は道標のようにそこにある」が登場する（4-4）．言語使用は規範的である．しかし言語使用の規範性を全面的に規則によって説明することはできない．その理由と

して野矢は「規則として表すことができず，見本を用いて説明するしかない場合がある」ことと「規則は常識的に想定される範囲でしか機能しない」ことのふたつを挙げている．熱心な野矢の読み手であればここに，「通常のなめらかな言語ゲームプレイは，「意味」や「規則」によって導かれているわけではない」という『心と他者』（中央公論，2012年）などで提示されてきた洞察を再認することができるだろう．「意味」や「規則」という概念に言及しなければならない場面は，われわれが思っているほどには実は多くなく，かなり限定されるというのが野矢の一貫したスタンスである．そしてまさにここに，意味や規則を道標に喩えることの眼目がある．つまり慣れた道を行くのに道標は不要であり，迷いそうなところにこそ（だけ）道標は必要となるのである（266-7頁）．確かに道標は誤解の余地が原理的にはいくらでもありえる．常識の枠を外せば，あらゆる疑いに晒されるだろう．しかし野矢は，「道標は事実として役に立っている」ことを再三にわたって強調する．道標とのアナロジーに託されているのは，言語の規範性における規則の「非全面的」なあり方なのであり，これが『戦い』における『探究』解釈の核となっている．

第5章「「理解」の罠」から第7章「感覚を語る言語」はパートⅡ「理解・意味・規則を巡る哲学的諸問題」（134-242節）に相当する．ここでは，規則と道標のアナロジーがさらに掘り下げられていく．規則はたしかに道標のようにそこにある．道標になるものとしては，たとえば道の脇に立っている矢印や「禁煙」という貼紙，あるいは規則集のようなものが考えられるだろう．しかしこれらはみなたんなるオブジェや墓標や模様にもなりうる．ではこれらをまさに「道標」——野矢は『探究』198節にならって，規則が知覚可能な形で提示されているということを押さえるために「規則の表現」と呼んでいる——にしているものは何なのか．野矢によればその答えは「しかるべき仕方で「使用」することがそれをまさに規則の表現にする」というものである．しかるべき仕方とは，それを使って許可したり，推進したり，静止したり，違反として何らかの罰を与えたりすることである（112-3頁）．それはつまり，自分や相手の行動を正当化する／まちがいである「理由」としてそれを参照するという，そういう使用である（113-4頁）．ここで野矢が描き出しているのは「道標（規則の表現）は規則を意味しているからこそ，まさに道標なのだ」という素朴でありながら強力なものの見方とウィトゲンシュタインとの戦いなのである．

第8章「思考の神話」から終章「意志する・意図する・意味する」は，パートⅢ「心とその像を巡る哲学的諸問題」（243-693節）に相当する．『探究』の7割以上のリマークをカバーする箇所でそこに含まれる論点は多様だが，ここでは『戦い』のもうひとつの核となる「言葉はただ生の流れの中でのみ意味をもつ」というリマークに着目する．野矢は『探究』以前と以後の言語観の変遷を「空間から時間へ」と要約する（247頁）．「論理空間」や「色空間」のように空間的かつ無時間的に言語を捉えるという発想を支えてきたのは，言語とチェスのアナロジーである（ポーンとポーンの動きの諸規則は，言葉とその使用規則（文法）に対応する）．しかし本来

言葉は，時間の流れの中で使用されるものだ．そのありようを可能な限り生け捕りにしようとするスタンスが，前期・中期と後期のウィトゲンシュタインを分かつと野矢は言う．こうした視点に立ってテキストに立ち戻ったとき，あの規則のパラドクスもまた別の相貌をもってわれわれに現れてくる．文の意味をその使用規則（文法）として無時間的に捉えようとしても，その文はつねに未来に向けて新たな使用に開かれている以上，その試みは常に挫折を運命づけられている．野矢の言葉を借りれば，「意味は全貌を持たない」(262頁) のである．

　個人的な興味という点からいうと，中期から後期への変遷を「空間から時間へ」と整理する箇所は特に膝を打ちながら読んだ．評者は現在「言語ゲームはどういう意味で（チェスのような）ゲームではないのか」という問いのもとに研究を進めているが，そうした問題関心に同書は大いに応えてくれた．野矢によれば，後期のウィトゲンシュタインは「使用規則」では汲み尽くせない意味の相として「時間」——野矢の表現を借りれば「物語」(261頁)——の次元に訴えようとしている．他方でかれは「使用規則」で意味を捉えることの限界を別のかたちで乗り越えようともしていた．それが，評者が現在研究のキーワードにしている「ポイント (Witz; point)」である．規則があっても「無意味」であるような使用，規則があっても「無意味」であるようなゲーム，そういったものには「ポイント」が欠落している．一見するとルールの次元でその全貌をとらえ尽くせそうにも見えるチェスや数学といったゲームにさえ，われわれの生活のありようと連動したポイントが存在するという洞察が後期と中期を隔てるひとつの大きな特徴である．本書では残念ながらこのポイントについて議論されている『探究』563-8節にはほぼ言及がないのだが，意味の時間的な次元である「物語」がこの「ポイント」という次元にどのように繋がっているのか（あるいは繋がっていないのか），また，意味に時間という次元が導入されることによって，「無意味」がどのように位置付けられることになるかなどは，著者にさらに聞いてみたいところだ（もし意味がチェスの駒の動かし方のようなものだとしたら，使用規則さえあれば，言葉は何でも「意味」を持ててしまうことになり，使用規則はあるが「無意味」であるような言葉やゲームに対して居場所を確保することができなくなるように思われる．後期はこの問題をどのように解決しているのだろうか…）．

　さて本稿冒頭で評者は，哲学病にきちんと罹りきれていないコンプレックスを告白したわけだが，では同書を通読してみて，評者は著者の狙い通りうまく病に罹ることができただろうか．半分イエスで半分ノーといったところである．しかし規則のパラドクスについては，意味を静態的に捉えるという病に罹っていることを今回の読書体験を通じて自覚できたし，何よりもこれが面白い議論であると思えるようになったことは大きな収穫であった．

　実は数多あるウィトゲンシュタイン関連本のなかでもっぱら『探究』の解釈に注力したものはさほど多くない．そのなかで，かれが何と戦っているのかについてこ

こまで配慮が行き届いた解釈本はこれまでなかったように思われる．その点だけでも本書はすぐれた『探究』解釈の書である．また，自分のような野矢のこれまでの著作の熱心な読み手であれば，野矢が『探究』からどのようにインスピレーションを得て自身の哲学を作り上げてきたかを知ることのできる「ネタ本」としての楽しみ方もできるだろう．

注
 1. ここでは，あらゆるルールがそのゲームにとってひとしく重要というわけではないし，ルールさえあればそれがかならずしも有意味な実践になるわけでもないと論じられている．

（谷田雄毅）

書評

木下頌子・渡辺一暁・飯塚理恵・小草泰編訳
『分析フェミニズム基本論文集』
(慶應義塾大学出版会，2022年刊行)

　哲学は人文学のなかでも男性中心の分野として悪名高い．小島優子 (2018)「ジェンダーの公正さについて」によれば日本において哲学を学ぶ大学生の女性の割合はほぼ50％だが，大学院に進学しアカデミックキャリアが進むにつれてその割合は低下，日本哲学会の女性比率は2016年の時点で11.3％である．当会のニューズレター56号でも村上祐子が述べる通り，哲学ではおよそ女性が歓迎されてきたとは言い難い．その中で分析フェミニズムをテーマに編まれた翻訳論文集が出版されたことは記念すべきことだ．巻末には編者の木下頌子が各論考について手際よく解説しており読者の助けになるはずだ．この書評では，第Ⅰ部のジェンダー概念の分析を中心に，論集の社会的背景として1990年代以降米国のフェミニズムを象徴する概念の一つであるインターセクショナリティ（交差性）の観点から各論考について述べることにしたい．なお，本来であれば20世紀以降豊富な議論の蓄積をもつフェミニスト認識論に触れるべきだが，その全体像を論じることは評者の手に余るためここではその重要性を述べるにとどめることにしたい．さらに英米の議論を日本の状況に照らしたとき何を考えるべきか提示するとともに，本書の編者たちが日本語への翻訳企画において当事者性の問題とどう向き合ったかを問う．

　まずは用語法を確認しておこう．ここではフェミニズムを，歴史的に近代社会で女性の参政権や財産権の獲得を目指した運動に端を発する，性差別的な制度や慣習の是正を目指す政治運動として理解する．またフェミニズムは性差別の中でも女性を男性より従属的な存在として位置付ける価値観を批判の中心とする傾向をもつ．そのため「分析フェミニズム」とは，その名の示す通り，性差別の是正を目的として行う分析哲学的な探究である．哲学の理論はおおむね現象を説明するという目的をもつが，分析フェミニズムにおいては性差別にかかわる社会現象が説明すべき対象になる．またそれがフェミニズムという政治的態度でもあるため，社会に生きる個人にとって哲学者の理論が差別構造への抵抗の手段になりうるか，別の差別構造を黙認してはいないかという現実への含意を検討事項に入れることも少なくない．

　本論文集に収録された論文は，いずれも2000年代から2010年代に英米を中心とする英語圏で出版されたものだ．ジェンダー概念の分析という存在論的主題を扱うⅠ部が冒頭を，巻末は客観的知識に潜む不正義を批判するフェミニスト認識論の論考が並ぶ第Ⅲ部，そしてその間にある第Ⅱ部は「性的モノ化」をキーワードにⅠ部とⅢ部を橋渡しするような論考が収められる．先に述べた通りインターセクショナリティに触発された観点を意識するとこれらの論考の背景が見えてくる．インター

セクショナリティとは，本来アフリカ系アメリカ人の女性たちが歴史的に被ってきた固有の差別の状況をあらわす言葉だ．たとえば人種差別に抵抗するコミュニティ内部で起こる女性に対する性暴力やセクシュアルハラスメントが軽んじられてしまう一方で，女性差別の当事者としては社会の多数派である裕福な白人女性の問題ばかりが代表されるといった事態である．学術的には法学者キンバリー・クレンショーが1989年の論文「人種と性の交差を脱周縁化する」でこの用語を使ったことがひとつの契機とされる．ここからインターセクショナリティは複数のマイノリティ集団に属するからこそ被る差別の当事者性を表す．

　マイノリティ女性をとりまく困難の可視化が分析フェミニズムにおいても進んだことは本論集からも読み取れる．第Ⅰ部のサリー・ハスランガー「ジェンダーと人種」(2000) では，労働者と資本家のような従属‐支配関係のなりたつ社会階層のペアとして性差別的な社会における女性集団と男性集団が定義されている．ここでタイトルが「ジェンダーと人種」である点に注意してほしい．人種とジェンダーという異なる概念の定義を同じ論文で扱う理由のひとつは，ハスランガーにとっての提案する女性の定義が，女性差別と人種差別を共に被る人のインターセクショナルな状況を適切に記述できることが課題の一つだったからだろう (cf. 第1章第6節)．ハスランガーは，人種もジェンダーも支配従属関係をつくる社会階層のペアとみなす点は同じだが，ジェンダーの場合はその人が備えると想定される生殖上の機能に基づいて，人種の場合はその人の身体の特性から想定される遺伝上のルーツに基づいて分類されることで違いを説明する．

　これに続くキャサリン・ジェンキンスの論考はハスランガーに対する批判を含む．その批判の観点はトランスジェンダーの女性という人種とはまた異なるマイノリティ属性を備えた人の排除を問題の中心として展開する．ジェンキンスは社会が女性に分類する基準を記述することと，個人が女性としてのアイデンティティの感覚をもつことは，ともに女性というジェンダーを構成する重要な要素であると主張する．ハスランガーの定義は性差別的な社会における女性階層の説明でこそあれ，アイデンティティの側面が欠落しているために女性のアイデンティティを持つ人を「女性」の外延から取りこぼす．この点で女性の定義としては失敗だと批判する．その上で，アイデンティティとは社会のジェンダー規範のうち自分に関連するものとの関係から規定されるというアイディアを素描する．たとえば女性であるとは，社会にある女性のさまざまな規範を自分に関連するものとみなす態度や行動の全体を指す．たとえば「女性はすねやワキの体毛をそるべきだ」「女性は公の場で化粧すべきだ」といったさまざまな規範が自分に向けられるものとみなすからこそそれらを受け入れたり抵抗したりする実践が意味をなすのだ．

　本論文集を離れて言うならば，ジェンキンスは2018年に出版した論文でこの規範との関係からジェンダーアイデンティティの理論をさらに展開するものの，男女のバイナリーな枠組みに依拠するがゆえの批判も出される．ノンバイナリーの人た

ちのアイデンティティを「男性のジェンダー規範とも女性のそれとも関わりがあると思えない人」としているせいで現実にそぐわないことをロビン・デンブロフは自身のジェンダークィア論の特徴を示す中で指摘する (cf. Dembroff 2019).

　概念xについての定義が提案されるとその反例が指摘され，その欠陥を補う新しい理論がさらに作られる．こうした議論の応酬は分析哲学者にとっておなじみのものだろう．他方で分析フェミニズムは性差別の是正という政治的目標を明示的に持つため，社会の性差別的な前提やそれが個人にもたらす危害に対する鋭敏さをもつ点に特徴がある．

　その一例は第Ⅱ部の最初に収録されているタリア・ベッチャーの「邪悪な詐欺師，それでいてものまね遊び」で見て取れる．この論考は特にトランスジェンダー女性が被るトランスフォビアの実態を分析したものだが，ジェンキンスとは別のかたちでハスランガーの女性・男性の定義に代替案を提供する面を持つ．ハスランガーの定義では，性差別的な社会における性別の区分とは「生殖能力」が要だった．実際にはひとの性器の状態を確認する機会はまれであるにもかかわらず，今の日本社会でも人を見た目や声や言葉遣いなどの特徴から女性か男性かに二分することは少なくない．ベッチャーが批判するのは，このような他人からアクセス可能なジェンダー表現とその人の外性器の状態と結びつける社会慣習だ．この社会慣習のもとでは「この人は女性のはずだ」という時の「女性」の意味とは，膣があるという意味に集約される．トランスジェンダーの人たちの中には，ジェンダー表現から外性器の状態を推測するという慣習からはさまざまなかたちで逸脱する人が存在する．そのためこうした人たちはトランス性をオープンにすれば「女（あるいは男）のふりをしているにせもの」と貶められ，かといって黙っていれば「人を騙そうとする詐欺師」と非難されるというダブルバインドに陥りやすい．その上で，受け取った印象からその人のアイデンティティや身体のありかたを決めつけない態度の重要性が述べられる．

　同じく第Ⅱ部収録のロビン・ゼン「イエローフィーバーはなぜ賞賛ではないのか」は，アジア系アメリカ人女性が「人種フェチ」の対象とされる状況を分析したものだ．どんな外見に性的に惹かれるかというのは「好みの問題」に思われるが，その「好み」が社会的影響力をもつ以上道徳的な問題が伴いうると論じる内容だ．ゼンの論考は，日本に住む人種的多数派読者にとっては二重の意義をもつ．ひとつは，北米や欧州に赴く女性にとっては自身がフェティッシュな対象とされるリスクを背負う立場にあり，アジア系の女性たちの体験を知るという意義．もう一つは，日本に住む日本人という人種的多数派が，それ以外のルーツをもつ人々に向ける人種的フェティシズムの問題に接続するという意義だ．日本の芸能界における「ハーフ」タレント，キャストのルーツをコンセプトにした接待業で働く女性たち，あるいは憧れの対象としてのK-POPアイドルなど，日本の文脈で人種化の差別問題を論じることにつながる論考だろう．「女性」といってもそのありようは多様であ

り，マイノリティ属性を持つ女性たちの困難を言語化するという点でベッチャーや
ゼンの仕事はインターセクショナルなフェミニズムらしい論考と言える．

　総じて分析フェミニズムがフェミニズムと呼べるなら，それは哲学的な概念分析
を通じて，自分が置かれている差別の現実を批判的にかえりみることにつながる点
にあるだろう．思索を通じて社会の現実と向き合う実践例がこの論集にはつまって
いる．その意味で，最後に編者たちがアリソン・ワイリーの「なぜスタンド・ポイ
ントが重要なのか」をどう受けとめたかを問うことにしたい．この論考は，マイノ
リティの人たちはよりよく知識を獲得する社会状況に置かれるというテーゼが不合
理な前提にコミットするなく主張できると擁護するものだ．もし編者たちがワイ
リーの主張に与するならば，本書を刊行にあたりおそらく女性やクィア，朝鮮半島
ルーツの永住者や移民の人たちなど日本の性的または人種的マイノリティの人たち
が関わることの重要性に同意するはずだ．というのも，マジョリティが看過しやす
い思い込みや認識の粗さを全体として彼らは回避しやすいはずだからだ．あるいは
ワイリーの議論に対しては否定的だろうか．その場合もある社会の属性を持つ人た
ちについて哲学上の議論が行われているとき，翻訳においてその当事者性をどのよ
うに尊重すべきか考える必要はあるだろう．ただしこれは編者たちのアイデンティ
ティを明らかにせよという要請でも，誰か特定の個人にマイノリティの立場を代弁
させようということでもない．多様な立場の人たちが関与しているという記述は特
定の固有名をあげたり個人のアイデンティティを暴露しなくても可能だからだ．例
えば，ベッチャーの翻訳に際してトランスジェンダー女性や彼女たちを対象とする
質的調査に携わる専門家に訳語を確認する，あるいは関連する書籍や資料などを参
照した旨を記載するといったプロセスを示すことができる．いずれにせよ，差別問
題を扱うならば，編者らの立場と翻訳される論文の著者らとの立場の類似点や
ギャップをどう反省したか説明されることが望ましいだろう．

（西條玲奈）

2023年度第18回石本賞選考結果報告

石本賞選考作業部会長
柏端達也

　石本賞は，石本新氏のご遺族の寄付金をもとにした事業の一環として2006年度に創設されました．当該年度から遡り過去3年間に『科学哲学』に掲載され，掲載決定時において40歳未満の著者による論文か，または科学哲学関連分野での博士の学位取得後8年未満の著者による論文のなかから優秀作一篇を選び，著者の研究活動を支援・奨励することを目的としています．

　これまでの受賞作は以下のとおりです（副題は略させていただきます）．

第一回	青山　拓央	「時制的変化は定義可能か」
第二回	三平　正明	「フレーゲ：論理の普遍性とメタ体系的観点」
第三回	前田　高弘	「知覚経験の対象としての性質」
第四回	大塚　淳	「結局，機能とは何だったのか」
第五回	山田　圭一	「ウィトゲンシュタイン的文脈主義」
第六回	小草　泰	「知覚の志向説と選言説」
第七回	佐金　武	「現在主義と時間の非対称性」
第八回	大西　勇喜謙	「認識論的観点からの実在論論争」
第九回	秋葉　剛史	「Truthmaker原理はなぜ制限されるべきか」
第十回	細川　雄一郎	「反事実条件文推論の動態論理による形式化」
第十一回	北村　直彰	「存在論の方法としてのTruthmaker 理論」
第十二回	榊原　英輔	「What Is Wrong with Interpretation Q?」
第十三回	鴻　浩介	「理由の内在主義と外在主義」
第十四回	李　太喜	「選択可能性と「自由論のドグマ」」
第十五回	高谷　遼平	「主張内容を合成的に導く」
第十六回	石田　知子	「「遺伝情報」はメタファーか」
第十七回	飯川　遥	「規則のパラドックスに対する懐疑論的解決とは何だったのか」

　今年度の受賞作は53巻2号に掲載された次の論文に決定いたしました．

伊藤遼「初期ラッセルの存在論における世界の十全な記述可能性」

本論文は，バートランド・ラッセルの初期の著作『数学の諸原理』における重要なテーマやアイデアを，著者独自の観点や問題意識から検討した論稿です．丁寧な分析と手堅い議論を通じて，明確かつ堅実な結論を導いている点が，高い評価を得ました．

　論文における伊藤氏の主張の骨子は，ラッセルが『数学の諸原理』のなかで保持すべきであり，かつ実際保持しようとしていたのは，標準的な解釈において言われる「無制限変項の原理」ではなく，じつは「世界の十全な記述可能性」とでも呼ぶべき考えだったというものです．主張のこの骨子は（良い意味で）シンプルでありながら，今日多くの論者が受けいれている解釈と対立するため（もし伊藤氏の読みが正しいなら）啓発的でもあります．

　「無制限変項の原理」とは，論理学における変項がすべての存在者を変域にもつ変項一種類のみだとする原理のことです．『プリンキピア・マテマティカ』へと至るラッセルの思索の展開は，その重要な原理を彼のタイプ理論といかに調和させるかという課題解決の営みでもあった，というのが標準的なラッセル解釈だと伊藤氏は指摘します．

　伊藤氏は，そうした標準的解釈に抗う形で，無制限変項の原理が，初期のラッセルにとって一見するほど重要な動機づけを与えるものではなく，また理論内的に必要不可欠なものでもないと主張します．

　無制限変項の原理は，たとえば「存在の一義性」の擁護には役立ちません．存在の一義性のテーゼとは，中世の形而上学のあの「存在の一義性」のことですが，それは解釈者たちによってしばしばラッセルの無制限変項の原理の前提にあるものと示唆されてきました．しかし伊藤氏によれば，かりにラッセルがその種のテーゼを受けいれたいと考えていたとしても，無制限変項の原理はそのことに貢献しません．存在の一義性は，無制限変項の原理から帰結しないからです．無制限変項の原理を保持する外在的な——すなわち護りたい他の何かに向けての——理由はラッセルにはないだろうと伊藤氏は結論します．また伊藤氏は，無制限変項の原理がラッセルの理論にとって内在的にも必要不可欠なものではないと論じます．伊藤氏は，無制限変項の原理を前提としているとされる『数学の諸原理』の複数の箇所に注目し，そこにおけるいずれの議論やアイデアにとっても無制限変項の原理が本質的でないことを示します．以上のような道筋の分析を，伊藤氏は，現代のラッセル研究の成果を巧みに援用しつつ構成していきます．

　そして次に伊藤氏が指摘するのは，実際のところラッセルにとって重要であったのはむしろ「世界の十全な記述可能性」と呼ぶべきアイデアであったということです．伊藤氏によれば，そのアイデアは，ラッセルがブラッド

リーの観念論的な判断論を否定するにあたっての鍵となるという点において，それを保持する外在的理由をラッセルに与えます．さらにまた，項ではない存在（「真対象」）を認めるラッセルの理論は，世界の十全な記述可能性というそのアイデアのもとでこそ可能になるという点において，そのアイデアを擁護する内在的理由がラッセルにはあることになります．

　伊藤論文は初期ラッセルをめぐる専門的な考察を展開した論文ですが，読解論文にありうる"ラッセルと私"のような閉じた構図に陥ることなく，ラッセル研究の諸成果を包括的に踏まえて議論を組み立てている点が，評価されました．また，諸解釈の単なる整理にとどまることなく，独自の一貫した視点からラッセル哲学を捉えようとしている点も，高く評価されました．

　選考の手順と経過を以下に素描します．8月初めの編集委員会において第一次選考を行ないました．そこでまず，

　　須田悠基「真理の多元主義は実質性を保てるか」
　　伊藤遼「初期ラッセルの存在論における世界の十全な記述可能性」
　　清水右郷「トランスサイエンス概念をつくりなおす」
　　小川亮「哲学の一般的方法としての「最良の説明への推論」」
　　森田紘平「くりこみ群におけるミニマルモデルに基づく局所的創発」

の5篇を，石本賞の授賞候補論文とすることが決まりました．

　それを受けて，編集委員長を部会長とする選考作業部会を発足し，8月下旬から11月上旬にかけて，第二次選考と最終選考を行ないました．選考方法は昨年と同様です．すなわち，まず，各選考委員が第二次選考で上記5篇のなかから2篇ないし3篇を理由を添えて選び出し，次に，それらを相互に検討しつつ最終候補2篇を決め，決選投票を行なうというものです．

　今年度は第二次選考段階で意見が比較的分散しましたが，最終候補として残ったのは伊藤論文と森田論文でした．持ち点配分方式による決選投票でも票の均衡が見られたため，さらにきめ細かな意見交換を行ない，慎重な協議を経て，最終的には全会一致で伊藤論文を本年度石本賞授賞作としました．

　今回はとくに選考委員から「テーマやジャンルが非常に異なる論文を比較することの難しさ」が指摘されました．もっともな指摘ですが，裏を返せばそれは，授賞候補論文のいずれもがそれぞれに捨てがたい特長をもっていたということにほかなりません．

　なお，2023年度の石本賞選考作業部会委員は，大塚淳，柏端達也（部会長），齋藤浩文，原田雅樹，横山幹子の5名（五十音順）でした．

投 稿 規 程

2023 年 9 月 3 日改定

1．テーマ

科学哲学および関連諸領域に関するもの．但し，関連諸領域の専門的な内容を扱うものに関しては，専門分野以外の会員も原稿の主旨が理解できて，関心を抱きうるようなもの．

2．投稿資格

(1) 当年度までの会費を納入済みの日本科学哲学会会員に限ります．

(2) 同一著者が同時に 2 篇以上を投稿したり，投稿中の原稿の審査結果が出る前に別の投稿をすることは認めません．

　　　ただし，単著論文と（他の会員との）共著論文は投稿可能です．また，共著論文については，共著者（会員に限る）が異なる場合は複数の論文を投稿可能です．

(3) 原稿はすべての部分が未公刊のものに限ります．他誌（外国語誌を含む）に投稿中のもの，掲載予定のものも投稿することはできません．また，本誌掲載後（投稿中も含む）は他誌への投稿を禁じます．

　　※非会員との共著原稿の場合は，共著者のなかの会員は上記の投稿資格を満たすようにしてください．

3．原稿の種類

(1) 「論文」

　(1-1) 「自由応募論文」：会員が自らテーマを自由に設定した通常の論文．

　(1-2) 「サーヴェイ論文」：特定分野での現在の研究状況・研究課題を紹介し，会員への情報提供に資することを狙いとする論文．但し，編集委員会の判断で，著者の了解を得た上で「自由応募論文」として投稿されたものの中から採用することもあります．

(2) 「研究ノート」：オリジナルな着想について，なお細部の詰めは残っているとしても討論に付して，会員からのコメントを求める論文．

(3) 「討論」：本誌に掲載された論文（書評等を含む）についてのディスカッション．

(4) 「提言」：研究，教育，学会活動に関する意見，提案．

4．使用言語

「論文」「研究ノート」「討論」「提題」は日本語もしくは英語とします．

5．原稿の書式

(1) ブラインド・レフェリー制を徹底するため，原稿の著者を特定しうる表現（例えば，「拙著」，「拙論」）は使用しないでください．

(2) 著者氏名や所属については，投稿用調書にのみ記述し，原稿には一切記述しないでください．また表紙を添付する必要はありません．

(3) 注は，本文末に一括してください．

(4) 書誌情報は注に記さずに，注の後に文献表を設けてまとめて記してください．

(5) 「論文」冒頭には，論文タイトル（日本語論文の場合には英語のタイトルも）および英語 100 語程度の「アブストラクト」を記してください．

(6) 投稿時の 1 行の字数，1 ページの行数は自由ですが，読みやすい形式としてください．但し，原稿作成に TeX 形式を使用する場合は，必ず本学会ウェブサイトに掲載されているテンプレート（日本語・English）を用いて原稿を作成して下さい．

(7) 文字サイズは，題名や注を含め，すべて 10.5 ポイントとします．さらに英語原稿の場合は，フォントは century か times（それがない場合は，類似のフォント）としてください．

6．原稿の分量

(1) 「論文」の長さは，原則として和文の場合 2 万字以内（ただしアルファベット等の半角文字

は0.5字と換算してよい），英文の場合は8,000語以内とします．いずれの場合も，必ず字数ないし語数を論文の末尾に付記してください．この字数には，題名，アブストラクト，数式，表，注，文献表など一切を含めて下さい．初回投稿時に制限字数を超えたものは審査対象としません．

　　なお，字数・語数のカウントが難しい場合は，1行34字×35行（本学会ウェブサイトに掲載されているテンプレートはこの形式になっています）の書式で20ページ以内に収められた原稿を提出することでも字数制限を満たしたものとみなします．この場合，原稿が指定の書式に従っていることを必ず末尾に付記して下さい．

(2) 「研究ノート」「提言」は和文5,000字，英文2,000語以内，あるいは指定の書式で5ページ以内，「討論」は和文3,000字，英文1,200語以内，あるいは指定の書式で3ページ以内とします．その他の点については「論文」と同様です．

7．提出様式

(1) 投稿の際には，次の (a) (b) を事務局に提出してください．両方が揃ったときに，正式な投稿として受け付けます．

　(a) Wordテンプレート（日本語・English）ないしTeXテンプレート（日本語・English）で作成した原稿をPDF形式に変換し，PDFファイルのみをメールで送付（マイクロソフトワード形式の場合はワードファイルの送付でも可）．

　(b) 本学会ウェブサイトに掲載されている「投稿用調書」に所定事項を記入してメールで送付，あるいは1部を郵送．

(2) いただいた投稿原稿に文字化けやフォーマットのくずれの恐れがある場合には，論文本体をプリントアウトしたものを送付願うことがあります．該当する場合は事務局より連絡いたします．

8．投稿受付

随時，投稿を受け付けます．

9．投稿先

メールの場合：日本科学哲学会事務局 philsci@pssj.info　宛．件名を「『科学哲学』投稿」としてください．

郵 送 の 場 合：当年度の「日本科学哲学会事務局」宛．表に「『科学哲学』投稿」と朱書してください．

10．審査

掲載の可否は，学会誌編集委員会がブラインド・レフェリー制により判定します．原稿によって審査の進行状況が異なりますので，審査結果の通知は随時行います．ブラインド・レフェリーによる審査は，投稿された「論文」，「研究ノート」，「討論」，「提言」について行います．編集委員会の審議を経て本学会より執筆を依頼した原稿（招待論文，書評，その他）については，原則としてブラインド・レフェリーによる審査は行いませんが，編集委員会より修正等の提案のコメントをつけることがあります．ただし，以下の場合には，依頼原稿でも，投稿された「論文」と同様のブラインド・レフェリー制による審査が行われます．

(1) 依頼した書評が，「論文」として扱うのが適切な内容となった場合．

(2) 依頼した招待論文の著者が，「論文」としての審査を希望した場合．

11．掲載決定原稿

掲載が決定した原稿については，次の (a)，(b) を事務局に提出してください．

　(a) 原稿のワープロ用ファイルと確認用PDFファイルをメールで送付．

　(b) 本学会HPに掲載されている「著作権に関する承諾書」に所定事項を記入・捺印して1部を郵送するか，またはPDFファイルにしてメールで送付．

12. 校正

編集委員会による審査を経ていますので，校正時に大幅な修正は認められません．字句の訂正など，軽微なものにとどめてください．校正は2校までとします．

13. 原稿料と抜刷

原稿料は差し上げません．抜刷は30部無料，31部以上は有料（10部につき1,000円）です．抜刷を31部以上希望する場合は，校正刷返却時に印刷会社へお申し込みください．

14. 提出物の返却

掲載の可否にかかわらず，応募原稿やメディアは返却しません．

15. 著作権規程

『科学哲学』に掲載された論文の著作権については「日本科学哲学会 著作権規程」（平成20年10月18日制定）にそって処理されますので，そちらも投稿の際にご参照ください．

これは投稿規定には当たりませんが，ご投稿いただいた後，即日の返信等はできかねます．ご投稿から10日経っても当会事務局からの返信メールが届かない場合は，メール送受信のトラブルの可能性もありますので，恐れ入りますが当会事務局メールアドレスphilsci(AT)pssj(DOT)infoまでお問い合わせください．

日本科学哲学会会則（現行）

1997年11月15日改正
1998年 4 月 1 日施行
2010年11月27日改正
2011年 4 月 1 日施行
2016年11月19日改正
2016年11月19日施行
2023年12月 2 日改正
2024年 4 月 1 日施行

第 1 条　本会は日本科学哲学会（欧文名 Philosophy of Science Society, Japan）と称する.

第 2 条　本会は科学哲学および関連諸領域に関する研究の推進と交流を目的とする.

その目的を達成するため，次の事業を行う.

1　年次大会および研究会の開催.

2　機関誌の発行.

3　その他目的達成に必要な事業.

第 3 条　本会の会員は正会員，準会員，賛助会員，名誉会員とする．入会，退会，身分の変更に関しては理事会の承認を必要とする.

1　正会員は四年制大学卒業もしくはそれと同等の資格ありと理事会が認定した者とする.

2　準会員は前項（第3条1）に該当しない個人とする.

3　賛助会員は本会の趣旨に賛同する個人もしくは団体とする.

4　正会員のみが，評議員および役員の選挙権および被選挙権を有する.

5　以下の三項のいずれかに該当する70歳以上の正会員は名誉会員となることができる.

但し，以下のいずれかに該当する者でも，本人の希望があれば正会員の身分にとどまることができる.

（1）会長を務めた者

（2）理事を 4 期12年以上務めた者

（3）本会に対して特段の功績があると理事会が認定した者

名誉会員には，以下の条項が適用される.

（1）名誉会員は，学会費を免除される.

（2）名誉会員は，選挙権および被選挙権を有しない.

（3）名誉会員は，機関誌に論文を投稿すること，並びに年次大会において研究発表を行うことができる.

（4）名誉会員には，機関誌，プログラム等が配布される.

第 4 条　本会は毎年一回定例総会を開催する．ただし，必要がある場合には臨時総会を開くことができる．総会の召集は理事会の決定により会長がこれを行う．定例総会においては，年間事業報告，および会計報告が行われなければならない.

第 5 条　本会に評議員会をおく．評議員会は会長が召集し，本会の重要事項を審議し，その活動を助成する.

1　評議員は会員の選挙によって40名を選出し，その任期は 3 年（4月1日から 3 年後の 3 月31日まで）とする.

2　任期開始時に満70歳以上となる者は，評議員選挙における被選挙権をもたない.

3　評議員会は毎年一回これを開催する．その他必要に応じて開催することができる.

第 6 条　本会に下記の役員をおく．役員は，会長，理事，監事とし，その任期は 3 年（4 月 1 日から 3 年後の 3 月 31 日まで）とする．再選を妨げないが，会長および監事は通算 2 期までとする．任期開始時に満 70 歳以上となる者は，役員選挙における被選挙権をもたない．

 1　会長　1 名　会長は本会を代表し，会務を統率する．会長は理事の互選によって選出される．会長においてその職務の執行に支障あるときは会長代行をおくことができる．会長代行は理事の中から選出され，かつ，理事会の承認を得るものとする．また，会長代行の任期は会長の任期を越えないものとする．

 2　理事　18 名　理事は会長を補佐し，本会の運営に当たる．理事は評議員の互選によって選出される．会長はこのほかに事務局担当理事，および総務担当理事各 1 名を追加指名することができる．

 3　監事　2 名　監事は本会の会計を監査し，その結果を総会において報告する．監事は評議員の互選によって選出される．

第 7 条　役員はすべて無給とする．会務の遂行を助けるため，幹事，または有給の事務職員をおくことができる．

第 8 条　顧問として学識経験者若干名を理事会の推薦によって，会長がこれを委嘱することができる．

第 9 条　本会に下記の委員会をおく．

 1　学会誌編集委員会

 2　年次大会実行委員会

 3　その他，必要に応じて，企画委員会など各種委員会をおくことができる．

 4　各委員会委員および委員長は理事会の議を経て，会長がこれを任命する．

第 10 条　本会会費は年額　正会員 7,500 円，準会員 3,000 円，賛助会員は一口 10,000 円以上とする．

第 11 条　会費未納 2 年におよぶ者は，選挙権および被選挙権をもたない．

第 12 条　会費未納 5 年以上の会員はこれを除名することができる．

第 13 条　本会に事務局をおく．その担当期間は原則として 3 年とする．

第 14 条　本会の会計年度は，毎年 4 月 1 日から翌年 3 月 31 日までとする．

第 15 条　この会則の改正は，理事会の発議にもとづき，評議員会および総会の議を経て，これを行う．

付則 1　評議員選挙規程

 1　選挙は会員の郵送による無記名投票をもって行う．

 2　投票は学会事務局より送付する投票用紙によって行う．

 3　40 名以内連記とする．40 名をこえて記入したものは無効とする．

 4　開票は，会長から委嘱された会員（評議員を除く）若干名の立会いの下に事務局において行う．

 5　最下位当選者が複数となり，評議員当選者が 40 名をこえる場合には，女性と若年者をこの順で優先する．

付則 2　理事選挙規程

 1　選挙は評議員選挙当選者の互選とし，郵送による無記名投票をもって行う．

 2　投票は評議員選挙後に，学会事務局より送付する投票用紙によって行う．

 3　18 名以内連記とする．18 名をこえて記入したものは無効とする．

 4　開票は，会長から委嘱された会員（評議員を除く）若干名の立会いの下に事務局において行う．

 5　最下位当選者が複数となり，理事当選者が 18 名をこえる場合には，女性と若年者をこの順で優先する．

付則 3　監事選挙規程
    1　選挙は評議員選挙当選者の互選とし，郵送による無記名投票をもって行う．ただし，理事は監事を兼ねることはできない．
    2　投票は理事選挙後に，学会事務局より送付する投票用紙によって行う．
    3　2名以内連記とする．2名をこえて記入したものは無効とする．
    4　開票は，会長から委嘱された会員（評議員を除く）若干名の立会いの下に事務局において行う．
    5　最下位当選者が複数となり監事当選者が 2 名をこえる場合には 女性と若年者をこの順で優先する．

付則 4　会長選挙規程
    1　選挙は理事選挙当選者の互選とし，郵送による無記名投票をもって行う．
    2　投票は理事選挙後に，学会事務局より送付する投票用紙によって行う．
    3　1名記入とする．1名をこえて記入したものは無効とする．
    4　開票は，会長から委嘱された会員（評議員を除く）若干名の立会いの下に事務局において行う．
    5　当選者が複数となった場合には，女性と若年者をこの順で優先する．

日本科学哲学会研究倫理規程

2010年11月28日制定
2010年11月29日施行

目的

第 1 条　本規程は，日本科学哲学会（以下，「本学会」という）会員の研究方法と成果公表等に関わる遵守事項を定め，学会としての研究倫理上の社会的責任を果たすことを目的とする．科学哲学研究・教育の健全な発展のために，本学会は，「日本科学哲学会研究倫理規程」を制定するとともに，全会員に対して，知的不正行為の防止の必要性を強く訴えるものである．

会員の遵守事項

第 2 条　会員は，研究の自由を前提に，以下の事項を遵守しなければならない．
    1．本学会の運営にあたって，会員は，常に公正を維持しなければならない．とりわけ，本学会へ投稿される論文，本学会での発表の希望，および石本基金諸事業への応募に関して，その審査にあたる会員は，公正を保った審査を行わなければならない．
    2．会員は，研究成果の発表に際して，著作権を侵害する行為，とりわけ，剽窃・盗用を行ってはならない．同じく，名誉の毀損など，人権侵害を行ってはならない．
    3．その他，本学会諸規程に違反してはならない．

調査委員会の設置

第 3 条　会員は，第2条に挙げられた事項に対する侵害（以下，「不正行為」という）と思われる行為に関して，本学会事務局に訴えることができる．
第 4 条　不正行為の訴えがなされた場合，事務局はそのことを速やかに理事会に報告し，理事会は，第1条の目的を達成するために，調査委員会を設置して調査を行うこととする．
第 5 条　調査委員会は，理事会において指名された若干名の委員をもって構成する．

調査委員会の役割

第6条　調査委員会は，必要があれば訴えを受けた会員からの弁明の聴取も含めて，公正な調査を行い，設置から3ヶ月以内に，不正行為の有無に関する報告書を理事会あてに提出するものとする．

第7条　調査委員会委員は，調査事項について守秘義務を負う．

処遇の決定

第8条　調査委員会の報告を受けて，理事会は，訴えを受けた会員に関する処遇を決定する．不正行為が認定された場合の処遇は，(1) 不正が軽微であるために不処分，(2) 役員・評議員・各種委員の資格停止，(3) 学会誌への投稿，学会発表申し込み，および石本基金諸事業への応募禁止，(4) 会員の資格停止，(5) 除名，のいずれかとする．ただし，(2) と (3) は重複することができる．

第9条　処遇の決定は，理事会において，次の手順で行う．

1. 初めに，(1) の不処分とするのか，それとも (2) ～ (5) のいずれかの処分を行うのかを，審議，決定する．その際，処分を行うという決定のためには，出席理事の3分の2以上の賛成を必要とする．

2. 前項の審議において，処分を行うと決定された場合には，次に，(2) ～ (5) のうちのいずれの処分を行うのかを，審議，決定する．その際，(5) 除名の決定のためには，出席理事の3分の2以上の賛成を必要とする．

第10条　不正行為が認定され，処分を受けた会員は，理事会の決定に不服がある場合，処分の通知を受けた日から1ヶ月以内に，異議申し立てを行うことができる．異議申し立てがあった場合には，理事会は速やかに再調査を行うものとする．

第11条　調査の結果，不正行為の事実が存在せず，訴えが悪意によるものであると判明した場合には，理事会は，訴えを起こした会員に対して，第8条に準じた処遇を行う．

第12条　不正行為が認定され，処分を受けた会員が所属する研究機関等から要請があった場合には，理事会は，異議申し立て期間の終了後に，当該機関等に対して，不正行為に関する報告書を交付することができる．

改正・廃止の手続き

第13条　本規程の改正・廃止は，理事会において原案を決定し，評議員会および総会の議を経て，これを行う．

◆日本科学哲学会に関するお問い合わせは下記にお願い致します．

〒108-0023　東京都港区芝浦2-14-13 MCK芝浦ビル 2F笹氣出版印刷株式会社内 日本科学哲学会事務局

日　本　科　学　哲　学　会

振　替　0 0 1 7 0 - 2 - 5 5 3 2 6

e - m a i l :　p h i l s c i @ p s s j . i n f o

URL: http://pssj.info/

編集後記▶56巻2号をお届けします．特集テーマ依頼論文は1篇になりましたが，査読論文を4編収録することができました．また書評も6篇という充実ぶりです．特集テーマ論文についてはもとより，書評の依頼を受けてくださり掲載可能な期日に間に合わせてくださった執筆者の方々に心からお礼を申しあげます．ところで今回はもう一つお礼を申しあげたいことがあります．周知のとおり本学会は事務局の外部委託を始めました．移行を可能にするため，今年度は，旧事務局で学会アルバイトとして作業をしてもらっていた方々にお残りいただき，アドバイスや補助をお願いしました．移行は成功し，予定通りこの3月で旧事務局の方々のコミットは完全終了になります．とりわけ通常編集業務に関していえば，外部委託をする前はそのコアな部分を，たった1人のアルバイトの方と私との二人三脚で行なってきました．さまざまな局面で神経を削られることの多い仕事をアルバイトとして長く引き受けてくださった担当の方には（もちろん編集業務担当者だけでなく），この場を借りてお礼を申しあげなければなりません．どうもありがとうございました．

（柏端達也）

科学哲学　2023 年度　56 巻　2 号　　　　ISSN 0289-3428
2024 年 3 月 31 日　第 1 刷発行

編　集　日　本　科　学　哲　学　会
発　行　〒108-0023 東京都港区芝浦 2-14-13 MCK 芝浦ビル
　　　　2F 笹氣出版印刷株式会社内 日本科学哲学会事務局
印　刷　株　式　会　社　文　成　印　刷
　　　　〒168-0062　東 京 都 杉 並 区 方 南 1-4-1
発　売　（ 株 ） 駿　河　台　出　版　社
　　　　〒101-0062　東 京 都 千 代 田 区 神 田 駿 河 台 3-7